EMPREENDEDORISMO PARA JOVENS

Ferramentas, exemplos reais e exercícios para alinhar a sua
vocação com o seu projeto de vida

JERÔNIMO MENDES
IÚSSEF ZAIDEN FILHO

EMPREENDEDORISMO PARA JOVENS

Ferramentas, exemplos reais e exercícios para alinhar a sua vocação com o seu projeto de vida

EDITORA
IDEIAS & LETRAS

DIREÇÃO EDITORIAL:

Marcelo Magalhães

CONSELHO EDITORIAL:

Fábio E. R. Silva
José Uilson Inácio Soares Júnior
Márcio Fabri dos Anjos
Mauro Vilela

PREPARAÇÃO E REVISÃO:

Pedro Paulo Rolim Assunção
Thalita de Paula

DIAGRAMAÇÃO:

Tatiana Alleoni Crivellari

CAPA:

Rubens Lima

Todos os direitos em língua portuguesa, para o Brasil, reservados à Editora Ideias & Letras, 2020.

1ª impressão

EDITORA
IDEIAS&
LETRAS

Rua Barão de Itapetininga, 274
República - São Paulo/SP
Cep: 01042-000 – (11) 3862-4831
Televendas: 0800 777 6004
vendas@ideiaseletras.com.br
www.ideiaseletras.com.br

**Dados Internacionais de Catalogação na Publicação (CIP)
de acordo com ISBD**

Empreendeorismo para jovens: ferramentas, exemplos reais e exercícios para alinhar a sua vocação com o seu projeto de vida/Jerônimo Mendes, Iússef Zaiden Filho
São Paulo: Ideias & Letras, 2020.
192 p.; 16cm x 23cm.
Inclui bibliografia.
ISBN 978-85-5580-064-1

	1. Empreendedorismo 2. Orientação vocacional I. Zaidan Filho, Iússef. II. Título.
2019-1929	CDU 658.421
	CDU 65.016

Elaborado por Vagner Rodolfo da Silva - CRB-8/9410

Índices para catálogo sistemático:
1. Empreendedorismo 658.421
2. Empreendedorismo 65.016

Este livro é dedicado a todos aqueles que, independentemente da idade, ainda não descobriram o seu verdadeiro propósito de vida, e aos que virão determinados a realizar seus sonhos e transformar o mundo num ambiente melhor para se viver.

Iússef Zaiden Filho e Jerônimo Mendes

SUMÁRIO

Prefácio	09
Apresentação	11
Introdução	15
1. Pensando no futuro	**19**
1.1 O que você vai ser quando crescer?	19
1.2 Não é muito cedo para pensar nisso?	24
1.3 O que os seus pais e amigos dirão a respeito?	29
1.4 O que o mundo pode lhe oferecer?	34
1.5 Você já fez a sua escolha?	40
2. Descobrindo o seu propósito de vida	**47**
2.1 O que significa ter sucesso na vida pessoal e profissional?	47
2.2 Onde você quer estar daqui a vinte anos?	52
2.3 Qual é o primeiro passo?	58
2.4 O que você precisa fazer para chegar lá?	65
2.5 Como saber se você está no caminho certo?	70
3. O fascinante universo empreendedor	**79**
3.1 O que é mesmo esse negócio de empreendedorismo?	79
3.2 Quais são as competências necessárias para empreender?	84
3.3 Onde estão as oportunidades?	90

3.4 O que isso tem a ver com você? 96
3.5 O que você ganhará como empreendedor? 100

4. Aprendendo a empreender **105**
4.1 Surgiu uma ideia, e agora? 105
4.2 O que é mesmo esse negócio de plano de negócio? 110
4.3 Como estabelecer metas realistas para o negócio? 116
4.4 Qual será a sua estratégia para fazer o negócio decolar? 121
4.5 Como utilizar o *networking* a favor do seu negócio? 127

5. A teoria na prática **133**
5.1 O que são vantagens competitivas? 133
5.2 O que fazer para elevar suas vantagens competitivas? 138
5.3 O que você deve fazer para enfrentar a concorrência? 141
5.4 Como saber se as minhas estratégias estão funcionando? 145
5.5 Como você deve enfrentar o desafio da gestão do negócio? 150

6. Atitudes empreendedoras **157**
6.1 Em relação ao dinheiro 157
6.2 Em relação aos colaboradores 164
6.3 Em relação ao negócio 171
6.4 Em relação ao futuro 175
6.5 Em relação ao país e à sociedade 179

Mensagem final **185**
Bibliografia **187**

PREFÁCIO

Fiquei muito honrado com o convite para escrever o prefácio deste livro. Sou extremamente seletivo com convites desse tipo, mas, neste caso, era impossível dizer não. Em primeiro lugar pelos autores, que são pessoas que conheço há anos, sei da credibilidade, da seriedade e do conteúdo que agregam às pessoas. Em segundo lugar, pelo próprio conteúdo do livro, que tanto tem a ver com a minha vida.

Este é um livro que eu gostaria de ter escrito. Eu comecei a minha vida profissional muito cedo, aos 7 anos, quando a professora da escola me perguntou: "O que você vai ser quando crescer?", e pediu que desenhasse esse futuro.

Na época, desenhei uma empresa cheia de computadores. Esse era o meu sonho desde que havia visitado uma empresa de informática junto com meu pai, que procurava introduzir computadores em sua agência.

Durante a infância, eu vivia tentando convencer alguns amigos a se tornarem meus sócios, mas ninguém queria. Aos quinze anos, meu sonho se realizou quando minha primeira empresa nasceu e se tornou destaque entre as empresas de tecnologia para internet no país, alguns anos depois.

Eu acredito em sonhos e, assim como os autores, penso que nunca é cedo demais para se começar a pensar nisso. Quanto mais cedo tivermos a certeza do que é realmente importante na vida, melhor. É um tempo precioso a ser economizado!

Penso também que devemos estimular nossos filhos, amigos e a nós mesmos a ter essa visão empreendedora, de vida e de carreira, e isso não significa apenas abrir uma empresa. Significa ser o líder do próprio destino.

Significa colocar nossos sonhos em primeiro lugar e com isso dar sentido ao nosso tempo.

Este é um livro que o ajudará a ter essas e outras respostas, com exemplos práticos, casos reais e muita profundidade. O livro o ajudará a refletir e decidir aquilo que pode fazer a diferença entre uma vida de realizações e uma vida de frustrações.

Você terá uma visão prática de como transformar suas ideias em um plano de negócios, como destacar suas vantagens competitivas, como lidar com o mercado e definir suas estratégias.

Gostei bastante da linguagem e da didática aplicadas no livro. Sem dúvida, é leitura obrigatória para todas as pessoas que sonham e alimentam o desejo ardente de transformar esses sonhos em uma realidade duradoura.

Agora, não vale apenas ler, é preciso aplicar e realizar os exercícios propostos. Afinal, de boas intenções o mundo está cheio, mas somente aqueles que fazem do esforço e da persistência uma constante é que colhem os bons resultados.

Boa leitura!

Christian Barbosa
www.christianbarbosa.com.br
Nerd, empreendedor, palestrante e escritor de diversos livros sobre produtividade, entre eles *Mais Tempo, Mais Dinheiro* e *Tríade do Tempo*.

APRESENTAÇÃO

O que você vai ser quando crescer? Quando alguém fazia essa pergunta há mais de trinta ou quarenta anos, poucas crianças tinham a resposta. Na época, queríamos ser tudo aquilo que nossos pais queriam que fôssemos, exceto aquilo em que nos transformamos: profissionais que ganham dinheiro ajudando outras pessoas a encontrar o seu próprio caminho e as empresas a crescer.

Saber o que você quer ou fazer exatamente aquilo que seus pais querem que você faça é bom ou ruim? Você nunca saberá enquanto não experimentar um ou outro caminho. De uma forma ou de outra, a algum lugar você deverá chegar, quer siga a cabeça dos seus pais, quer siga a sua própria intuição, quer não siga ninguém.

Na fase da pré-adolescência, ou mesmo na fase da adolescência, poucas pessoas sabem o que querem, mas não se preocupe quanto a isso. Conhecemos adultos na faixa dos 30 aos 60 anos que ainda não encontraram o caminho das pedras.

A sorte deles é que, mesmo não tendo encontrado um caminho, a vida é generosa com quem se esforça para sobreviver. É óbvio que o ganho é proporcional ao esforço e ao conhecimento aplicados, entretanto, sucesso, dinheiro e glória não dependem necessariamente de trabalho duro. Dependem, e muito, do valor que você consegue agregar – das coisas boas que você consegue produzir – ao meio onde vive através de sua inteligência e dedicação. Não importa a sua idade.

Uma das maravilhas que a sociedade atual proporciona é o acesso à informação. Diferentemente de duas ou três décadas atrás, o advento da internet mudou a maneira como as pessoas em geral se relacionam, aprendem e fazem negócios em todos os cantos do mundo.

Entre os jovens, principalmente, a dependência da internet, das redes sociais e das parafernálias eletrônicas é tão grande que chega a assustar os próprios pais, que não sabem como lidar com as novas gerações que já nascem com o *smartphone* na mão e o processador na cabeça.

Se, por um lado, a internet pode ajudá-lo a encontrar um conteúdo quase inimaginável de informações sobre tudo, por outro, pode torná-lo verdadeiro refém do "copiar e colar", e talvez você nunca consiga pensar por si mesmo.

Nosso objetivo aqui não é criticar a internet. Ao contrário, desejamos que a internet sirva de inspiração e fonte para as coisas boas que poderão ajudá-lo a tornar o caminho mais leve para o sucesso e para a realização pessoal, mas é preciso saber usá-la.

O mundo está recheado de oportunidades que ainda nem conhecemos no campo das artes, da economia, da administração, da genética, da biodiversidade, da engenharia e da inteligência artificial. Milhares de faculdades, universidades, cursos presenciais e *on-line*, bem como novas profissões surgem todos os dias para suprir a demanda proporcionada pela evolução humana e tecnológica.

Para facilitar ainda mais a escolha do caminho a ser seguido, diferentes tipos de inteligência foram mapeados. Você pode ser bom nas artes, na linguística, no raciocínio lógico-matemático, na percepção físico-cinestésica, nas relações intrapessoais e interpessoais.

Além de tudo isso, você pode ser ainda um empreendedor de sucesso criando produtos e serviços que facilitem a vida das pessoas, gerando empregos, contribuindo para o crescimento econômico e social da sua cidade, estado ou país e, acima de tudo, proporcionando valor para a sociedade.

Em síntese, você pode ser o que quiser em qualquer campo de atuação se a escolha estiver alinhada com a sua verdadeira vocação, portanto, quanto mais cedo descobri-la, maior a chance de viver uma existência rica, feliz e desafiadora em todos os sentidos.

A decisão de escrever este livro foi tomada pensando nos jovens que ainda não descobriram o futuro brilhante que os espera. Para que isso aconteça, é necessário encontrar o fio da meada, como diziam nossos pais, e assumir um compromisso de vida livre de culpas e arrependimentos por conta de uma escolha errada ou até mesmo da imposição alheia.

Por várias razões, no passado, não tivemos orientação de carreira. Nunca nos disseram como nos relacionar melhor com outras pessoas nem aprendemos a lidar com o dinheiro na infância. Acredite ou não, isso faz uma enorme diferença quando a gente começa a trabalhar, seja como patrão, seja como empregado.

Se você está lendo este livro agora, torcemos para que seja diferente. Você terá muito mais chances de sucesso se acreditar em si mesmo e considerar as oportunidades em vez dos obstáculos. A escolha é sua, a vida também!

INTRODUÇÃO

Este livro foi estruturado em seis capítulos distintos para facilitar a absorção do conhecimento de maneira lógica e sequenciada. Recomendamos que você leia aos poucos, pratique os exercícios preparados cuidadosamente para o seu teste de conhecimento, reforce os conceitos relacionados ao tema e, acima de tudo, acredite na sua formidável capacidade de colocar em prática as ideias aqui compartilhadas, seja qual for a profissão que você escolher.

Os primeiros cinco capítulos foram escritos pelo professor Jerônimo Mendes, levando em conta a sua familiaridade com o tema e a sua experiência profissional em empresas de médio e grande porte, além da longa convivência com empreendedores das mais variadas idades nas diferentes universidades onde atua.

Os dois primeiros capítulos tratam de um dilema que aflige a maioria dos jovens: encontrar uma profissão ou um propósito que faça a vida valer a pena, fundamentado por visão, missão e valores bem definidos.

O terceiro e o quarto tratam do universo empreendedor tal como ele é, das oportunidades, das competências necessárias para empreender, do que isso tem a ver com você e, acima de tudo, das ferramentas que podem ser utilizadas para colocar em prática suas ideias empreendedoras.

O capítulo cinco trata de questões práticas para aqueles que decidiram começar um negócio por conta própria. Por que alguns prosperam e outros não? Por que as estratégias funcionam para alguns e não para outros? O que você deve fazer para enfrentar o desafio de empreender num mercado competitivo e ávido por inovação e criatividade? Enfim, o que o mercado exigirá do seu negócio?

Por fim, o sexto e último capítulo diz respeito às **atitudes empreendedoras** e foi escrito especialmente por Iússef Zaiden Filho, profissional experiente na área de *coaching* e treinamento, e também idealizador do IMTEF – Instituto Meus Tostões de Educação Financeira. Entre as áreas relacionadas pelo autor estão o dinheiro, os colaboradores, os negócios, o futuro, o país e a sociedade.

Com relação ao **dinheiro**, fala-se de um princípio fundamental da matemática financeira denominado "Princípio dos Juros Compostos". No livro *Questões Fundamentais da Vida*, Roger e Rebeca Merrill afirmam que existem pessoas que sabem ganhar e multiplicar o dinheiro e outras que sabem apenas gastar o dinheiro que ganham. As pessoas que ganham dinheiro sabem utilizar esse princípio muito bem; as que não sabem, ou seja, as que gastam dinheiro, não dão importância por falta de conhecimento ou, quando conhecem, não colocam em prática.

Com relação aos **colaboradores** – preferimos chamá-los de contribuintes ou participantes do nosso sucesso –, temos: pais, professores, amigos, funcionários, fornecedores, clientes e tantos outros que convivem conosco. No processo de empreender, as pessoas são fundamentais para o cumprimento das metas, a criação de um negócio duradouro e a consolidação do nosso futuro.

No que diz respeito aos **negócios**, todo empreendedor que almeja sucesso deve levar a sério a questão da gestão. Quando se trata de gestão, duas competências são essenciais: saber fazer a gestão do próprio negócio e saber fazer a gestão das pessoas envolvidas no negócio, principalmente na era em que vivemos, com tanta informação e velocidade, e na qual a busca incessante pelo conhecimento é vital para a sobrevivência.

O **futuro** nada mais é do que um intervalo, breve ou longo, entre um acontecimento e outro. Se você esperar o futuro acontecer, talvez ele aconteça de uma forma que não seja de seu agrado. Contudo, ao planejar e agir sobre ele, as chances de sucesso aumentam.

Com relação ao **país** e à **sociedade** – algo sobre o quê, na maioria das vezes, evitamos falar – temos os pontos que envolvem cidadania e responsabilidade social. Todos nós temos um papel fundamental para com o nosso país: o de **cidadão**. Ao trabalharmos para a construção de um **país mais justo e solidário** e ao ajudarmos a sociedade a pensar assim, estamos contribuindo para a formação de uma nação livre de desigualdades sociais, baseada em valores e princípios sólidos.

Este livro resume cem anos de experiência de profissionais apaixonados por empreendedorismo e educação. É a sua oportunidade de enxergar as coisas por um novo ângulo e de aprender que ninguém nasce empreendedor, mas é possível transformar-se em um.

O seu primeiro desafio é concluir a leitura deste livro. O segundo é adotar o comportamento empreendedor. Pense no legado, na colheita dos frutos, na esperança de um futuro melhor, nas suas mais amplas expectativas. Levante a cabeça e, como não cansamos de repetir durante a leitura do livro, **não perca seus objetivos de vista.**

1
PENSANDO NO FUTURO

Neste capítulo você aprenderá a:
- Pensar no futuro através da elaboração de exercícios práticos;
- Livrar-se dos comentários negativos sobre suas escolhas em relação ao futuro;
- Negociar com seus pais e tomar as suas próprias decisões;
- Focalizar as oportunidades em vez dos obstáculos;
- Fazer escolhas sensatas que têm tudo a ver com a sua vocação e o seu interesse.

1.1 O que você vai ser quando crescer?

Salsicha! Esta era a resposta alegre de um porquinho muito engraçado num antigo comercial de televisão quando lhe perguntavam: "O que você quer ser quando crescer?". Embora não tivesse a mínima noção do que isso significava – sacrificar a vida –, a verdade é que ele tinha um objetivo em mente: transformar-se numa salsicha famosa antes de ir para o estômago de alguém.

Quando você é apenas um pré-adolescente ou adolescente e ainda se encontra em fase de desenvolvimento, a única coisa que você quer de fato é não se aborrecer com coisas como estudo, emprego, carreira e outros tipos de responsabilidades. A princípio, isso tende a atrapalhar o tempo disponível para conversar com os amigos, ir a festas e navegar pela internet.

Tudo isso é aceitável para os pais até certo ponto; entretanto, quando começa a afetar o seu comportamento e, possivelmente, a sua história de vida, ou seja, o seu futuro, as coisas se complicam. Não vamos discutir se os pais estão errados ou não, afinal, somos pais e filhos ao mesmo tempo, portanto, conhecemos as fases do processo de amadurecimento desde o tempo em que nós mesmos éramos do tipo "aborrecente".

O mais legal de tudo isso é que um dia você se torna pai e mãe e, como já dizia minha mãe lá pelos meus 15 anos de vida: "Não tem problema, filho, deixe estar, a vida ensina". E não é que a vida ensina mesmo? Quando a gente não quer aprender pelo amor, ou seja, com a experiência e o conhecimento de alguém, existem grandes possibilidades de o aprendizado vir pela dor, e isso pode significar um custo maior do que o necessário.

Por um lado, se você conseguir aprender com a dor, batendo cabeça, como se diz na gíria, mesmo que leve muito mais tempo, talvez acabe tudo bem. Por outro, se não aprender nem com o amor nem com a dor, o negócio vai ficar mais feio do que imagina, afinal, duvido que você não tenha ambições, não queira ser alguém na vida e não alimente o desejo de viver uma vida confortável. Assim, isso deve ser entendido como um prêmio que você recebe depois de realizar o esforço necessário para consegui-lo.

É comum encontrar crianças e jovens que sonham com uma carreira promissora em diferentes áreas de atuação. Alguns querem ser médicos, outros advogados, outros ainda sonham com uma carreira maravilhosa na televisão e no cinema sem ter a mínima noção do que essas profissões significam. O que eles não sabem é que nem todas as pessoas conseguem realizar esses sonhos com sucesso na vida adulta.

Durante a adolescência, muitos jovens precisam aumentar a sua motivação interior com ajuda de amigos, familiares ou até mesmo da tribo à qual pertencem. Quando se é jovem, é necessário aprender a lidar com os sentimentos em relação às falhas e ao sucesso. É uma fase maravilhosa da vida, repleta de desafios, porém cercada de incertezas por todos os lados.

Você já notou que com 15 ou 18 anos de idade todo mundo deseja que você seja alguma coisa que você não quer? Como você ainda está em fase de crescimento, sua cabeça ferve com o volume de informações e torna-se difícil resistir à tentação de não ser influenciado por alguém.

Sabe aquele tio que ganhou muito dinheiro como advogado? Ele acha que você pode ser advogado também. E aquele padrinho médico que se tornou o melhor especialista em sua área? Ele pensa que você pode se dar muito bem ao abraçar a mesma profissão. E o que dizer daquele pai que não conseguiu ser o engenheiro que tanto queria por falta de recursos? Ele acredita que o filho pode ser o melhor engenheiro da face da Terra.

Para o bem dos pais e dos filhos, não é assim que as coisas funcionam mais. Vivemos numa época em que já é possível pensar e **acreditar em si mesmo**, em que as oportunidades afloram em todos os cantos do mundo. Quanto mais disposto você estiver para trabalhar e ficar longe de casa, mais oportunidades aparecerão, pois a carência de bons profissionais é enorme.

Agora, a questão é simples: quem é você? **Pessoas bem-sucedidas têm uma percepção muito clara sobre quem são e o que desejam na vida**, portanto, você precisa de um momento somente seu para pensar sobre o que será daqui a alguns anos.

Quantas vezes já lhe perguntaram sobre isso e você deve ter respondido "ainda não sei" ou "é muito cedo para pensar nisso"? Talvez tenha dito algo como ser um artista de televisão, um escritor famoso, um grande cientista, um modelo internacional ou, quem sabe, um empreendedor de sucesso. Por que não?

No que diz respeito a ser bem-sucedido, você pode fazer parte de um sistema que já existe há séculos, ou seja, querer apenas o que dizem ser o melhor para você. Porém, existem outras escolhas. Você pode querer trabalhar de maneira inteligente para atingir a independência financeira muito antes do que seus pais e avós conseguiram.

Na sociedade de consumo atual, a publicidade dita exatamente o que as pessoas devem comer, vestir, pensar e agir. Quando você não pensa por si mesmo, tem dificuldades para encontrar o próprio caminho e qualquer sugestão que possa abreviar o tempo da conquista é bem-vinda.

Aqui entre nós, esse negócio de trabalhar duro, horas a fio, junto com o pai ou a mãe, apenas para sobreviver, não é nada fácil de engolir. Então, por que gastar tempo, energia e até mesmo os recursos que você não tem para correr atrás de algo que não precisa nem gosta?

Não se preocupe! **Para tudo na vida existe uma ou mais saídas**. Talvez você esteja entre os milhares de adolescentes que continuam tentando encontrar o seu lugar no mundo todos os dias. Seguir a manada parece mais fácil enquanto você não sabe do que é capaz de fazer na vida, porém, quando descobre, não quer mais parar.

Ser você mesmo num mundo que tenta fazer com que você seja diferente a todo momento é um desafio que o acompanhará para o resto da vida. Dessa forma, a maneira mais fácil de repetir o erro dos outros é unir-se à multidão em vez de trilhar o próprio caminho. Como diz um velho ditado, a maioria das estradas muito conhecidas não leva a lugar nenhum.

De qualquer maneira, **perseguir seus sonhos requer coragem, trabalho, paciência e muita determinação**. Até mesmo as populações indígenas, que não tem uma cultura de acúmulo de riquezas e levam uma vida mais simples, dedicam um tempo para a conquista dos elementos essenciais para a sua sobrevivência.

Isso nunca será diferente com você nem conosco. Algumas pessoas creem que podem conseguir realizar seus sonhos sem suar a camisa, sem oferecer valor primeiro, sem a contrapartida física e psicológica. Isso é impossível. Até mesmo quem acerta na loteria, se não adquire rapidamente uma consciência financeira, começa a esquentar a cabeça com medo de perder o que ganhou.

Ficar sem fazer nada é, por vezes, mais difícil do que trabalhar duro. Você pode acreditar que merece uma vida confortável mesmo sem trabalhar, mas lembre-se que mais de sete bilhões de pessoas podem pensar o mesmo. Imagine o caos, todo mundo em casa ou nas ruas sem fazer nada, sem produzir, sem pensar, sem fazer algo de bom para a sociedade.

Felizmente, o mundo não foi feito para que eu e você, dentre bilhões de pessoas distribuídas em tantos países, tivéssemos uma vida mais fácil. Portanto, se deseja alcançar o sucesso e a felicidade plena, deve buscar as respostas para as seguintes perguntas:

- O que você será no futuro?
- O que você gostaria de fazer até o fim da vida?
- Quando você está feliz, você está fazendo o quê?
- O que faz você ficar motivado?
- Em que você é realmente bom?

Talvez não seja necessário fazer mais nada além de questionar-se o tempo todo sobre as coisas mais importantes, capazes de trazer mais felicidade, satisfação e alegria para a sua vida.

Fazemos pouca ideia da sua idade, mas imaginamos que se está lendo este livro é alguém em busca de respostas sobre o futuro que o aguarda, portanto, comece a levar a sério essa questão do que está por vir ou você será cobrado quando chegar o momento oportuno.

De agora em diante, vamos compartilhar algumas técnicas simples e eficazes que poderão ajudá-lo nessa incrível jornada. Dedique-se aos exercícios. **A disciplina vence todos os obstáculos.** Se levar isso a sério estará largando na *pole position* de uma corrida muito disputada para o sucesso.

Talvez os seus amigos não tenham a mesma sorte de encontrar um livro como este, ou alguém que possa orientá-los em relação ao futuro desafiador que há pela frente. **Estamos aqui para aprender lições e o mundo é nosso professor**, portanto, procure filtrar as informações, absorver o máximo que puder e descartar o que não tem significado, mas não deixe de pensar a respeito até encontrar sua verdadeira vocação.

EXERCÍCIOS PARA A CONSTRUÇÃO DO FUTURO

1. **Identifique as áreas mais importantes da sua vida:** não se preocupe se mais adiante o grau de importância em relação a cada área mudar. Isso depende de vários fatores, entre eles a sua criação, a sua cultura, a sua história de vida, o exemplo que vem dos seus pais, professores, amigos e heróis de infância. O que é mais importante para você neste exato momento?

   AMIGOS – BENS MATERIAIS – CASA – DINHEIRO – EDUCAÇÃO – FAMÍLIA – LAZER – *HOBBIES* – RELACIONAMENTOS – RELIGIÃO – SAÚDE – VIAGENS

2. Escolha entre três e cinco áreas importantes: faça uma breve descrição de como sua vida encontra-se hoje em cada área escolhida. Se você escolheu família, por exemplo, escreva sobre o relacionamento familiar, as coisas que você não tolera em casa e as coisas que você gostaria de mudar.

3. Visualize o futuro: a visualização é uma técnica essencial. Você já escolheu as áreas mais importantes, portanto, feche os olhos e imagine-se daqui a dez ou vinte anos. Os especialistas chamam isso de *self talk*, então, tenha uma conversa franca consigo mesmo sobre o futuro desejado.

4. Coloque as ideias no papel: qual é a profissão, a empresa, a esposa, o marido, a família e a renda ideal desejada? Trata-se apenas de um ensaio, mas é importante anotar. Mais adiante vamos tratar especificamente da visão, da missão e do seu plano de vida.

5. Organize as ideias: o que você será no futuro? O que precisa mudar? Quais são as suas prioridades? Quais são as competências necessárias para conseguir o que você quer? Qual é o tempo razoável para que tudo isso aconteça? Quem poderá ajudá-lo? Por onde você pode começar?

6. Troque ideias com pessoas bem-sucedidas: a experiência conta muito e não existe nada que você não possa fazer, mas algumas coisas podem ser feitas com menos sacrifício quando você busca a orientação nas pessoas que trilharam caminhos semelhantes. Ouça as pessoas, mas siga o seu coração.

7. Não perca tempo tentando encontrar a perfeição: lembre-se de que você ainda está na fase da adolescência, logo, terá uma vida inteira pela frente para melhorar o que quiser. O mais importante é encontrar o seu objetivo na vida para nunca mais perdê-lo de vista.

1.2 Não é muito cedo para pensar nisso?

Jamais esqueci o dia em que um amigo de infância perguntou o que eu gostaria de ser na vida. Eu devia ter uns 14 anos e a resposta permanece viva até hoje na minha mente: "Ainda não sei, pois faltam quatro anos para eu me alistar no exército, um dia eu penso nisso". Lembro como se fosse hoje. Faz mais de quarenta anos que isso aconteceu e acabei dispensado do serviço militar.

Naquela época, eu olhava para os mais afortunados da minha cidade e mantinha uma inveja típica do adolescente que deseja ter aquilo que não pode, pelo menos naquele momento. Ao observar uma sequência de carros de luxo desfilando pela principal avenida da cidade onde eu morava, era normal alimentar desejos materiais e ficar imaginando como é que aquela gente conseguia comprar tudo aquilo.

Com o tempo eu passei a entender que carro, casa, dinheiro, aparelhos de som, joias, enfim, bens materiais que não são conquistados com o mérito do nosso próprio trabalho, não são necessariamente nossos. Por qual motivo o carro que seu pai comprou com tanto sacrifício deveria ser seu?

Espero que você não se frustre com o que vou dizer, mas existe uma boa definição para quem se diz filho de rico: **filho de rico é, literalmente, pobre**. Rico é o pai ou a mãe que conquistou tudo o que a família tem com o suor do seu rosto depois de muitos anos de trabalho. Você ainda tem muito chão pela frente e o seu desafio é trilhar o próprio caminho sem depender dos pais.

O mundo está recheado de exemplos de filhos que herdaram fortunas enormes, mas não souberam administrar com sabedoria o patrimônio que os pais levaram anos para conseguir. Portanto, ao olhar para os seus amigos de infância, colegas de escola e vizinhos da mesma rua que parecem estar melhores do que você, não se baseie nisso. Cada um tem a sua história de vida e com o seu próprio esforço você pode ir além se souber planejar a vida para aproveitar o que ela tem a oferecer de melhor.

Uma gorda herança pode deixar as pessoas mais preguiçosas, a vida mais sem graça, o futuro sem desafios. **Ganhar as coisas de graça nunca o ajudará a crescer por conta própria.** Um dos maiores pilares do sucesso e da realização pessoal é o fato de você conseguir tudo o que quiser na vida por seu próprio mérito e não pelo fato de ter sido carregado.

Depois de ler o parágrafo anterior, você poderia muito bem contestar o que eu disse:

— *Está maluco, cara, recusar uma herança? Eu, hein!*

É um direito seu, afinal, o herdeiro é você, não eu. Contudo, o peso da responsabilidade sobre seus ombros e a pressão para manter esse patrimônio será enorme. Se você não tiver cabeça para administrar tudo isso, sua herança ou o pouco que seus pais deixaram pode acabar mais rápido do que imagina.

— *Isso não importa, a herança é minha e posso fazer com ela o que bem entender!*

É claro que pode. Se quiser, você pode torrar todo o seu dinheiro, o da herança, o da mesada e até do salário que você ganhará. O que você não pode, depois de alguns anos, é dizer que não foi avisado, que a vida é injusta ou que não teve oportunidade de multiplicar os seus bens.

Para reforçar o entendimento, recomendo a leitura da parábola dos talentos, disponível no *Evangelho de São Mateus* 25: 14-29. Não importa a sua religião. O que importa é a história contada por Jesus a respeito do patrão que confiou seus bens a três empregados diferentes durante sua ausência imaginando que cada um daria o destino certo para o valor recebido.

O que cada empregado fez com a sua parte é bem parecido com o que acontece nos dias de hoje. Milhares de pessoas recebem dinheiro e bens que nunca ajudaram a conquistar e assim, num estalar de dedos, destroem tudo que os pais levaram anos para construir.

Pelo amor dos seus pais e pelo amor do seu futuro, escute bem o que eu vou dizer. A juventude atual vive uma situação de prosperidade sem precedentes na história do Brasil, resumida da seguinte forma:

- Qualquer família pode comprar o que quiser desde que tenha renda mínima compatível comprovada e credibilidade no mercado;
- O acesso à informação na internet e nos demais meios de comunicação permite comparar qualquer tipo de produto disponível no mercado;
- Se você não quiser ou não puder comprar livros para melhorar o seu nível de conhecimento, pode fazer empréstimos aos milhares nas bibliotecas públicas espalhadas pelo país;
- Com um pouco de esforço, você pode estudar onde quiser e fazer o curso que quiser em qualquer universidade e faculdade do Brasil.

Converse com seus pais, avós, amigos e também conhecidos com mais de 50 anos. Em poucos minutos eles contarão a você as limitações existentes na década de 1950, nos anos da Intervenção Militar, no governo pós-Militar e a partir da década de 1990, um pouco antes de você ter nascido.

Computador era sonho impossível. Celular era coisa de ficção científica. Viajar de avião? Nem pensar! Comer em restaurante no fim de semana era um luxo que as famílias de classe média podiam ter uma vez por mês. Naquela época, escola particular era coisa de gente rica, mas, para não ser injusto, posso dizer que a escola pública recebia mais atenção do governo e a maioria tinha orgulho de estudar numa delas, inclusive eu.

Na década de 1960, o Governo Militar provocou uma certa ansiedade nas pessoas por conta das incertezas que viriam. Na década de 1970, o país continuou crescendo e experimentou uma fase de grandes mudanças. A década de 1980 foi uma época boa com o fim da intervenção militar. Em termos econômicos, foi uma decepção. A década de 1990 ficou conhecida como a "década perdida", pois, com o surgimento do fenômeno da globalização, milhares de pessoas foram demitidas e outras milhares de empresas fecharam as portas.

Apesar de tudo, e isso vale para os dias de hoje também, muitas pessoas empreendedoras conseguiram montar verdadeiros impérios econômicos, por várias razões que serão exploradas em diferentes capítulos deste livro. Essa é a parte legal do capitalismo: não importa o regime de governo, as oportunidades estarão sempre disponíveis para quem tiver uma boa ideia, um bom produto ou serviço e arregaçar as mangas para trabalhar.

Com base na cronologia da raça humana, trinta ou quarenta anos não é nada significativo considerando a idade do universo, mas pode fazer uma diferença enorme na sua vida se for um tempo mal aproveitado. Pense nos seus sonhos, nas suas aspirações, nas coisas que deseja ter, no bem que você pode fazer e no legado de vida que você pretende deixar. Pense nas respostas para as seguintes questões:

- De quanto tempo você precisa para realizar tudo isso?
- O que o impede de começar agora?
- O que você vai ser quando crescer?
- Qual é o prêmio que você quer receber daqui a vinte anos?

Muito bem! Você pode estar se perguntando desde que iniciou a leitura: "Será que não é muito cedo para pensar nisso?"; "O que eu ganho com isso?"; "Como é que eu vou economizar se ainda não tenho renda nem mesada?"; "Quanto tempo leva para ficar rico?"; "É isso mesmo que eu quero?".

Existem muitas respostas que não ajudam em nada, mas estão sempre na ponta da língua quando você é jovem, do tipo: "Eu ainda sou muito novo"; "Eu quero mesmo é curtir a vida"; "Não preciso de dinheiro"; "Meu pai é rico e deixará tudo para mim"; "Quando crescer, eu penso nisso"; e tantas outras que você diz sem ter a mínima noção de como podem ser impactantes em seu futuro.

Quando você começa a acumular respostas prontas como essas, é provável que elas nunca mais saiam da sua vida, pois a repetição é uma prática que tem dois lados e depende de como você a utiliza. **Se você repetir coisas positivas e tomar ações eficazes para colocá-las em prática, seu futuro tende a ser promissor**, caso contrário, apenas a repetição, por si só, não lhe ajudará em nada.

O que vale para a vida pessoal vale para os negócios. O que é desejado no futuro resulta das ações no presente, motivo pelo qual você deve começar o mais cedo que puder. Não significa que você deve desperdiçar a adolescência e entregar-se ao trabalho. Tudo a seu tempo e na dose certa.

Embora seja importante alimentar pensamentos positivos, você precisa saber que a vida lhe reserva surpresas boas e outras nem tanto, para as quais damos o nome de **adversidades** ou **desafios**. Quanto mais preparado você estiver para lidar com elas, mais facilmente conseguirá resolvê-las.

Há alguns parágrafos eu comentei sobre o caso de pessoas que herdam verdadeiras fortunas e, por estarem despreparadas para cuidar delas, destroem o patrimônio da família em menos tempo do que se imagina ser possível. A partir de agora, vamos raciocinar juntos por que isso acontece com frequência e por que é tão importante aprender a lidar com dinheiro e com pessoas desde pequeno, caso queira tornar-se uma pessoa de sucesso na profissão e um empreendedor de verdade.

Para tudo na vida você precisa de ideias e de dinheiro. Ideias são coisas que surgem de segundo em segundo na sua cabeça, embora você não saiba o quanto elas são verdadeiras. Elas aparecem o tempo todo sem você se dar conta e, na maioria das vezes, não chegam a influenciar o futuro. O fato é que não somos preparados desde pequenos para refletir sobre as nossas ideias.

Em geral, quando as ideias afloram em sua cabeça e você toma coragem para compartilhar com alguém, as pessoas até acham legal, mas como você ainda não tem a credibilidade dos adultos que já realizaram algo de concreto, as pessoas elogiam sem ter a mínima noção de como ajudá-lo ou do quanto você é capaz de colocá-las em prática.

Imagine o quão maravilhoso seria o mundo se todas as boas ideias fossem colocadas em prática. Não estou falando apenas de produtos e serviços que são explorados pelas grandes empresas. Falo, principalmente, das ideias simples, que facilitam a vida das pessoas, capazes de revolucionar a maneira como vivemos nossa vida conturbada, na qual tudo gira em torno do consumo desenfreado e da dependência tecnológica.

Em relação ao dinheiro, a situação não é diferente. Comprar roupas, apartamentos, aparelhos eletrônicos, carros, viajar para o exterior, comer, sair de férias, tudo isso envolve dinheiro. Até para ficar doente você precisa de dinheiro se não quiser ver a sua família gastar todo o patrimônio que tem quando surge uma doença inesperada. E dinheiro não cai do céu, sem que haja uma contrapartida, um esforço, um bem ou serviço de valor em troca. **Para conseguir algo de valor, você precisa oferecer algo de valor primeiro**.

Além das ideias e dos recursos financeiros, existe algo que você deve se esforçar ao máximo para aprender, tão rápido quanto aproveitar as ideias e lidar com o dinheiro: **saber lidar com pessoas**. Talvez leve algum tempo para conseguir tudo, mas você não poderá fugir disso se quiser extrair o máximo das ideias, do dinheiro e das pessoas antes dos seus concorrentes.

Não existe uma combinação perfeita ou uma fórmula mágica para o sucesso na vida pessoal e profissional. Contudo, a fórmula abaixo se aproxima muito da ideal. Grave-a como fonte de inspiração.

> **S (SUCESSO) = I (IDEIA) + O (OPORTUNIDADE) + I (INICIATIVA) + O (OTIMISMO)**

> **DICA IMPORTANTE:** Não deixe para pensar no futuro quando chegar aos 60 anos. Quanto mais cedo você encontrar sua vocação, menor será a resistência ao crescimento pessoal e profissional. Quanto mais cedo encontrar a sua própria luz, maior a possibilidade de se tornar uma pessoa bem-sucedida, independente da área com a qual se identifica.

1.3 O que os seus pais e amigos dirão a respeito?

Na fase da pré-adolescência, ou mesmo na adolescência, você pode ser facilmente influenciado por algumas pessoas que cruzam a sua vida. Muitos jovens mantêm um relacionamento conturbado com os pais, mas tenha em mente que a família poderá ser a sua apoiadora mais próxima, talvez a única que acreditará em você quando uma boa ideia surgir.

Muitos pais consideram que a melhor coisa que os filhos têm a fazer é seguir os seus conselhos, afinal, só desejam o bem para seus filhos. Em geral, os pais querem ver os filhos bem encaminhados na vida, bem-sucedidos em qualquer profissão, e os orientam para isso baseados em sua própria experiência de vida, considerando que já passaram por todos os tipos de dificuldades.

No entanto, família e amigos nem sempre são as pessoas mais indicadas para se recorrer quando precisar obter uma opinião sincera sobre sua estratégia de vida. Sob o pretexto de querer o melhor para você, o julgamento deles pode acabar sendo prejudicado. Lembre-se: **o que é melhor para os seus pais nem sempre é o melhor para você, e o que você julgar ser o melhor para você nem sempre será o melhor para eles.**

Não se preocupe. Isso não é privilégio seu nem da sua família, afinal, em qualquer lugar do planeta haverá divergência entre a vontade dos pais e a vontade dos filhos. O importante é manter uma linha de pensamento promissora em relação ao futuro. É normal os pais interferirem na vida dos filhos, pois eles querem o seu bem.

Escolher uma profissão e ter ideias próprias é um desafio. Se você conseguir fazer isso, não importa qual profissão seguirá. O que importa é a pessoa em que você se transformará na sociedade e a sua contribuição a partir dessa função.

Durante toda a vida você deve procurar manter um profundo respeito pela família. Ela é a única instituição capaz de provocar a mudança que queremos ver no mundo. Educação, trabalho, religião e ciência podem contribuir bastante, mas a **família** sempre foi e continuará sendo a **base de tudo**.

Da família vêm os exemplos, a índole, os princípios, os valores, as virtudes, o necessário espírito de equipe, a certeza da acolhida em tempos difíceis, a esperança no futuro com base em união, reciprocidade e laços puramente afetivos. Ao envolver a família, certifique-se de que vai usá-la como torcida.

A vida não é muito diferente de um jogo, entretanto, tal como outro esporte qualquer, exige esforço, dedicação, treinamento e estratégia. Quando uma plateia enlouquecida está presente, para ela não importa se o time está bem ou está mal, mas o quanto cada jogador está dando de si mesmo dentro de campo. De vitória em vitória, de empate em empate, de vez em quando uma derrota, o time vai chegando onde deseja.

Acontecerá o mesmo com a família. Não importa o rumo tomado, mas o empenho a partir de determinada decisão. Depois de escolher o caminho, siga o seu coração e não olhe para trás. Posso assegurar que a família torcerá por você ainda que você não esteja na primeira divisão do campeonato. O seu esforço a transformará em uma fã incondicional da sua escolha.

Em tempos de competição desenfreada, culto extremo à individualidade e adoção de valores equivocados ou diferentes daqueles das gerações anteriores, a família acaba relegada a um plano inferior, de menor importância, em nome do sucesso, do lucro e da acumulação de bens a qualquer preço.

Sir Ken Robinson, Ph.D. britânico, é um dos maiores pesquisadores sobre educação no mundo. Ele afirma que crianças mais novas têm uma confiança imensa na própria imaginação, mas quando pequenas não são levadas tão a sério quanto deveriam. Assim, muitos talentos se perdem e não são aproveitados. E eu concordo plenamente com ele.

Por que razão isso acontece? Será que o talento acaba assim, de um dia para o outro? Será que quando você cresce perde a graça? Isso depende de vários fatores. O fato é que a maioria das crianças perde a confiança na medida em que se deixa moldar pelo mundo, portanto, a escolha da profissão é uma questão tão delicada que somente você saberá encontrar o próprio caminho.

Não estou dizendo que você deve ignorar o ponto de vista da sua família, ao contrário, ele deve fazer parte da sua análise, mas não de maneira impositiva. Apenas considere-o, se isso for ajudá-lo a tomar uma decisão coerente.

Muitas pessoas dão importância à família somente quando perdem a sua ou, então, em casos extremos, quando precisam voltar para ela, a exemplo do filho pródigo que exigiu do pai a sua parte em dinheiro, deixou a vida confortável que levava em casa e gastou tudo o que tinha. Tempos depois, ele voltou para casa com uma mão na frente e outra atrás.

Isso é o que acontece com muitos jovens e por várias razões: influência dos amigos, falta de amadurecimento, rebeldia sem causa, inexperiência dos pais em lidar com situações semelhantes, etc. Apesar disso, uma questão é fundamental na sua vida e na sua carreira e não há como ignorá-la: acredite ou não, **a família tem um papel fundamental em qualquer decisão que você possa tomar em relação à carreira e ao futuro**.

As razões para isso são simples e conhecidas. Se não concorda, tente responder às seguintes questões:

- Para onde você corre quando o dinheiro acaba?
- Para onde você vai quando o namoro acaba?

- A quem você recorre quando perde o emprego?
- Quem o ajudará a pagar o curso superior caríssimo se você optar pela universidade particular?
- Qual é a primeira pessoa de quem você se lembra quando o mundo está desabando sobre sua cabeça?
- Quando é que você pretende sair de casa, deixar a vida confortável e a comida saborosa que a mamãe prepara com tanto carinho?
- A quem você poderá recorrer se quiser montar um negócio por conta própria e precisar de dinheiro?
- Você assinaria um documento abrindo mão da parte que lhe cabe na herança?

Não é necessário responder. Fique tranquilo, eu também tenho filhos e já fui filho também, mas não seja orgulhoso. Filhos? Talvez você ainda tenha pelo menos um e se lembre do que estamos falando. Conselho de pai e mãe é algo que você terá de graça pelo resto da vida, e comprovará o que eu digo quando tiver a sua própria família e quiser se meter na vida dos seus filhos.

Tenho o meu próprio exemplo dentro de casa. Quando meu filho mais velho optou por fazer o curso de educação física, eu e minha esposa ficamos muito preocupados com o seu futuro. Nossa vontade era fazê-lo desistir da ideia.

Acontece que, para não contrariar o meu próprio discurso, o de que cada um deve seguir o seu coração, pensamos melhor a respeito e nos convencemos de que era prudente não interferir na escolha. Assim o fizemos. De minha parte, penso que seria difícil carregar a culpa de impor uma opção e sofrer as consequências de uma insatisfação no futuro.

Hoje posso dizer que ele está bem, tem a cabeça no lugar, sabe onde quer chegar e está conseguindo trilhar o próprio caminho. Foi uma escolha difícil para ele e o futuro ainda não se mostra promissor, mas o melhor de tudo isso é que foi por livre e espontânea vontade. Nosso papel de pai e mãe é apoiá-lo e torcer para que se dê bem. O que importa é que ele está bem consigo mesmo.

O que dizer dos amigos? Imagine-se contando para eles que você quer estudar paleontologia, geologia, letras, educação física, geografia, artes cênicas e outros cursos menos valorizados socialmente. Talvez eles possam dizer com todas as letras que você está louco, fora da realidade, ou seja: "Cara, você surtou, pirou de vez! Se liga, mano!". Se isso ocorrer de fato, eles não são seus amigos.

Agora, imagine se você disser aos seus pais que não quer estudar, mas que deseja ser um grande empreendedor e para isso você não precisa de estudo. Neste caso, é provável que eles tenham a resposta na ponta da língua: "Primeiro estude, conquiste um diploma, e depois você pode abrir um negócio por conta própria". Pronto, a confusão está armada.

Infelizmente, a educação tradicional anula em parte a criatividade das crianças e dos adolescentes. A tradição nos diz que, se você não vencer as etapas do ensino fundamental, do ensino médio e do ensino superior, para depois tentar um bom emprego e ser alguém na vida, você não é deste mundo.

Durante toda a minha vida eu convivi com pessoas que afirmavam que não se pode ser nada na vida sem estudo. Eu acreditava piamente nisso. Com o tempo eu fui encontrando pessoas que estudaram pouco mas se tornaram atletas, artistas, empreendedores e profissionais de sucesso. Isso me levou a entender que talento não está diretamente relacionado ao estudo, mas ao que a gente realmente gosta de fazer.

Com o tempo eu fui aprendendo também que não importa o que você faz, **os seus amigos gostam de você de qualquer jeito**, com ou sem diploma. É o seu jeito de ser que conta, e não a sua formação.

Isso não significa que você deve parar com os estudos e se dedicar a ser você mesmo. Definitivamente, não! Significa que você deve tentar encontrar o que é bom para você ainda que precise de um bom curso para se aperfeiçoar. E você precisará.

O que eu faço questão de afirmar é que **ninguém mais do que você sabe o que é importante para você, e quanto mais cedo descobrir isso, melhor para todos os que fazem parte da sua vida**. Existem milhões de pessoas infelizes no trabalho, à espera da aposentadoria para fazer o que gostam, maldizendo a tudo e a todos por conta de uma escolha errada no passado.

Do fundo do coração, não desejo isso para ninguém, portanto, mesmo considerando que a família deseja, na maioria dos casos, uma profissão mais sólida para os filhos, poucas atividades ou apenas uma conseguirá inspirá-lo de verdade. E quando você descobrir isso, nada mais poderá segurá-lo.

De fato, não importa se a sua opção for algo como bombeiro, pintor, dançarino, cantor, escultor, camelô, ator ou jornalista. **O que importa são as lições que você aprenderá, a pessoa na qual você se transformará e a sua contribuição para a sociedade.**

Assim começou a trajetória de Bill Gates, a odisseia de Silvio Santos, o reconhecimento dos Beatles, a caminhada de Michael Jordan, a alegria contagiante de Mauricio de Sousa, o mago dos gibis no Brasil. Talvez eles tenham levado em conta a criação e a influência dos pais, porém, de uma forma ou de outra, eles encontraram o próprio caminho.

Na prática, eles identificaram um terreno fértil e ali plantaram suas sementes, regaram e continuaram cuidando para que as flores e os frutos se renovassem a cada instante. **Você tem escolha, por mais desinteressante que ela possa parecer aos seus pais e amigos.** Acredite nisso. Contudo, a escolha é sua e o fato de ela não os agradar não significa que você deva abandoná-la.

Assim, quando fizer escolhas, pense um pouco mais com o coração e não se deixe iludir pelas palavras alheias. Mais do que seus amigos, sua família torce por você, e ainda que ela não saiba se expressar da maneira mais adequada, seus pontos de vista são importantes e devem ser considerados. Dessa forma, encontrar aquilo que Sir. Ken Robinson denomina **elemento- -chave é essencial para alcançar sucesso e bem-estar.** Isso será bom para sua família, ótimo para sua empresa, fantástico para a sociedade e motivo de orgulho para si mesmo.

1.4 O que o mundo pode lhe oferecer?

O mundo é realmente pródigo, mas a questão não é tão simples assim. Nada nos é entregue sem o esforço necessário. **Você deve merecer o prêmio.** Como não existe nada de graça, muitos adolescentes preferem tomar atalhos e acabam se perdendo no caminho.

Em geral, esses atalhos aparecem em forma de desvios de conduta ante a promessa do dinheiro fácil, do sucesso inesperado e da felicidade aqui e agora, mas, na realidade, isso leva a inúmeros destinos, menos ao futuro que você deseja para si mesmo e para sua família. **Quando você abrevia o caminho, encontra o inesperado e raramente está preparado para enfrentá-lo.**

Essa expectativa irreal de poder antecipar o próprio futuro conduz um elevado número de adolescentes às drogas, ao álcool, à prostituição e ao crime organizado. Ao fazer disso uma condição temporária, pelo menos até encontrar um caminho mais seguro ou até conquistar um pé-de-meia, as pessoas não percebem que, na maioria das vezes, trata-se de um caminho sem volta.

No mundo todo existem pessoas que tiveram uma infância difícil, por assim dizer, com problemas de saúde e de dinheiro, além de uma educação formal sofrível, mas nem por isso se tornaram fracassadas. Aliás, toda essa adversidade foi necessária para fazê-las dar a volta por cima e se tornarem vitoriosas.

Por outro lado, conhecemos inúmeras pessoas que tiveram uma infância inesquecível, educação formal da melhor qualidade, família estruturada, saúde invejável, mais dinheiro do que podiam gastar e, no entanto, isso não foi suficiente para construírem suas próprias carreiras de sucesso.

Por essas e outras razões, o conforto material nunca será capaz de mobilizar ao máximo seus talentos e habilidades em direção aos seus objetivos. **A motivação é muito maior quando você está fora daquilo que se chama zona de conforto**, afinal, você precisa sobreviver. Se você tem um pouco mais do que o básico, tende a se acomodar.

Preste atenção ao que aconteceu com seus pais. Eles se esforçaram muito para conquistar uma vida relativamente confortável. Quando você chegou, embora não tenha pedido para nascer, essa vida confortável já estava aqui e tudo o que tinha de fazer era usufruir dela. Você nem precisou contribuir para isso.

Se já faz mais de quinze anos que você nasceu, o mundo começará a cobrar a sua parte. Afinal, o que você fará para retribuir o fato de ter nascido numa família tão boa quanto a sua? Se não pretende reivindicar a parte que lhe cabe no que a vida tem de melhor, alguém fará isso por você.

Na década de 1970, um dos livros mais marcantes de que se tem notícia foi *O Choque do Futuro*, de Alvin Toffler, escritor norte-americano, que tratava do enorme impacto da mudança tecnológica e social na vida das pessoas nos anos vindouros. Naquela época, ninguém fazia a menor ideia de como seria o mundo em dez anos, muito menos em cinquenta anos, momento em que estamos agora.

O livro causou comoção na época, pois pouca gente acreditava que o impacto fosse tão significativo quanto está sendo até hoje na vida das pessoas, principalmente daquelas que estão dentro ou próximas dos grandes centros urbanos onde a explosão demográfica ocorreu.

Da mesma forma, não temos a mínima ideia de como será o mundo em 2030, 2040 ou 2050. O que sabemos, na essência, é que o mundo passará por transformações ainda mais aceleradas e fascinantes. Nenhum período da história humana pode igualar-se ao período em que vivemos e ao que virá pela frente em termos de escala, velocidade, complexidade, valores e desafios.

Alguns países como o Brasil, a Rússia, a Índia e a China, os chamados BRICs – nomenclatura criada pelo economista inglês Jim O´Neill em 2001 –, poderão desempenhar um papel preponderante na economia mundial na primeira metade deste novo século. Sabemos também que a população mundial continuará a crescer em progressão geométrica e que as tecnologias invadirão nossas vidas de maneira nunca antes vista.

Isso quer dizer que a diversidade cultural e a complexidade de nossas rotinas serão desafios constantes nos próximos quarenta anos, principalmente para os jovens. Embora o mundo seja formado por diferentes países, línguas, culturas, religiões e economias, alguns aspectos da nossa vida fazem parte de um jogo universal de xadrez, onde cada movimento deve ser pensado estrategicamente, pois o sucesso dependerá cada vez mais de um posicionamento global.

Digo isso pensando nas necessidades coletivas, nas esperanças coletivas e na consciência coletiva que deverá ser formada para uma nova maneira de encarar os desafios do impacto tecnológico e do crescimento populacional.

Considerando tudo isso, o que o mundo tem a lhe oferecer não cabe neste livro. Seria necessária uma coletânea de muitos anos, de ideias e pensamentos de centenas de autores falando de oportunidades disponíveis, algumas inimagináveis, em diferentes campos de atuação.

Como já foi dito anteriormente, nada vem para alguém com facilidade, mas em forma de oportunidades; entretanto, para conseguir o que quer, você deve acreditar que é merecedor de uma oportunidade. E as oportunidades são assim, passam na sua frente, ao seu lado e até mesmo às suas costas sem que você perceba. E na maioria das vezes você não estará preparado para elas. Quer alguns exemplos reais?

- Aparece uma oportunidade para fazer estágio na Disney, mas você não fala inglês;
- A Apple está recrutando profissionais no Brasil, mas você não tem curso superior;
- A FIFA precisará de voluntários para a Copa de 2022, mas você não fala nenhuma língua além da sua;
- A CEO da Amazon fez uma visita surpresa na escola onde você estuda em busca de novos talentos, mas você faltou aula naquele dia;
- Você sabia tudo para o vestibular, mas chegou atrasado justamente no primeiro dia;
- Um dos sócios da Natura, empresa de cosméticos que você admira e na qual quer tanto trabalhar, apareceu na loja onde você atende, mas o seu mau humor naquele dia não permitiu a aproximação necessária para descobrir quem ele era.

Para perceber e aproveitar as oportunidades você precisa ter disciplina, confiar no seu talento e colocar em prática a sua criatividade se não quiser fazer parte das estatísticas de quem ficará parado na idealização. A diferença entre quem quer ser extraordinário e quem acaba não conseguindo é esse pequeno "extra".

Antes de discorrer um pouco mais sobre o que a vida tem a lhe oferecer, aqui vão algumas questões importantes para reflexão:

- O que você pretende ser na vida faz os seus olhos brilharem?
- Existe uma demanda de mercado para o talento, produto ou serviço que você pretende oferecer?
- Você está disposto a arriscar tudo para fazer aquilo que gosta?
- E se o seu sonho for impossível?

Pessoas acomodadas pensam assim: "Se eu começar a fazer o que gosto, terei menos problemas". Se você também pensa dessa maneira, faça um grande favor a si mesmo: não se iluda! Sua missão no mundo não se resume a viver sem problemas. Ao contrário, sua missão é entusiasmar-se e resolver todos os problemas que estiverem ao seu alcance. Isso torna a vida interessante e prazerosa.

Quando alguém diz algo assim, lembro-me de Andrew Matthews, escritor australiano e cartunista famoso, que escreveu o seguinte: "**Fazer o que você gosta não é uma receita para uma vida mais fácil; é uma receita para uma vida mais interessante**. O mais provável é que você assuma maiores responsabilidades e tenha mais problemas". Está melhor assim?

O que o mundo tem a lhe oferecer tem tudo a ver com o que o mundo espera de você. Sou absolutamente contra certos livros e programas de televisão que pintam uma vida cor-de-rosa como se o conteúdo ali descrito ou a pessoa ali mencionada representasse a totalidade do mundo.

Não existe nada simples, mas, quando você é apaixonado pelo que faz, não precisa de motivação externa. **Você constrói a sua própria motivação**. Encontrar a verdadeira missão leva tempo e isso não deve servir de muleta para desistir ao menor sinal de fracasso.

Coragem, mais do que conhecimento e incentivo, é preciso coragem! **Tudo o que já foi realizado no mundo foi fruto da coragem, da ousadia e da perseverança de pessoas que não desistiram no primeiro "não" que receberam**, portanto, **não será diferente com você**.

Um pouco de criatividade também ajuda, afinal, mesmo que você tenha poucas ideias criativas, ainda assim estará à frente da maior parte das pessoas que não pensam por conta própria e, portanto, são escravas da opinião pública e das etiquetas sociais.

PARA PENSAR A RESPEITO

Ainda que você queira ganhar apenas o suficiente para sobreviver com algo que não lhe traz a mínima satisfação, nunca deixe de aproveitar as chances que a vida e o mundo têm a lhe oferecer. Algumas oportunidades se escondem justamente nas coisas que a sua família disse para não aproveitar e onde alguém quase o convenceu de que seria impossível chegar. Quando alguém disser que você pirou de vez, é por aí que você deve começar.

Em 8 de agosto de 1914, o irlandês Ernest H. Shackleton tomou a feliz decisão de se tornar o primeiro explorador a cruzar os 3.300 km da Antártica a pé, num projeto ambicioso e arriscado. Para recrutar sua equipe, Shackleton publicou o seguinte anúncio em um jornal inglês:

> "Recrutam-se homens para uma jornada perigosa. Salários baixos, frio extremo e longas horas de escuridão completa. Retorno em segurança duvidoso. Em caso de sucesso: honra e reconhecimento."

Acredite ou não, mais de cinco mil pessoas responderam ao anúncio. O que levou esse contingente de pessoas a se aventurar numa expedição perigosa e com retorno duvidoso? Nunca saberemos exatamente, mas o fato é que o mundo é movido por pessoas capazes de arriscar-se em terrenos desconhecidos em troca de honra e reconhecimento.

As oportunidades são incontáveis. Pense no que ainda não foi explorado, criado ou transformado. Nas artes, na medicina, nas letras, na física, na química ou na matemática, o universo de possibilidades é extenso. Nos negócios, então, nem se fala: há muito a se fazer. Entre tantas coisas perseguidas pela humanidade em geral, o mundo tem a lhe oferecer isso e muito mais:

- Um futuro promissor
- Honra e reconhecimento
- Fama, glória e poder
- O seu nome na história
- Uma vida plena e confortável
- Um sentimento claro de realização
- Um sentimento amplo de contribuição

As pessoas são capazes de fazer coisas incríveis e o mundo espera isso de todos. Se pesquisar um pouco, encontrará histórias de pessoas que superaram os seus próprios limites: empresários falidos que deram a volta por cima; pessoas com asma que se tornaram grandes esportistas; imigrantes que deixaram a terra natal e empreenderam com sucesso na terra que os acolheu; e muitos outros exemplos. Se o livro terminasse aqui, a frase de encerramento seria essa: **para exigir algo de valor do mundo, ofereça algo de valor primeiro e tudo será feito de acordo com a sua própria vontade**.

1.5 Você já fez sua escolha?

Seja qual for a sua idade, **a vida é uma sucessão de escolhas, decisões e mudanças para as quais você será empurrado com frequência**. Ninguém poderá cumprir esse papel no seu lugar. Você é inteiramente responsável por elas. Além de ser uma necessidade permanente, escolhas, decisões e mudanças são desafios incontestáveis na vida de cada ser humano.

Algumas escolhas são fundamentais e podem fazer uma grande diferença entre sucesso e fracasso na medida em que a idade avança. Uma vez realizada a escolha, a mudança não é tão simples quanto as pessoas gostariam que fosse. Mudar de emprego e de casa é fácil. Mudar de profissão ou mudar de companheiro, por exemplo, já não é tão simples, embora, por vezes, seja necessário.

Diferentes pontos de vista são abordados quando se trata de escolhas e por essa razão eu compartilho aqui o meu. **Se as escolhas são fundamentais na sua vida, o melhor a fazer é tentar não errar muito**. De uma forma ou de outra, você estará sempre amarrado a uma ou mais opções e a decisão torna-se mais difícil do que a própria escolha em si.

Medicina ou direito? Filosofia ou pedagogia? Sobrado ou apartamento? Empreendedor ou empregado? Nintendo, Xbox ou PS4? Apple, Sony, Google ou Microsoft? Facebook, Instagram ou Twitter? Alemanha, Brasil ou Estados Unidos? São Paulo ou Rio? Capital ou interior? As opções são intermináveis. Quanto maior o leque de opções, maior o grau de indecisão.

Há pouco menos de trinta anos, as opções eram limitadas. Quando se tratava de profissão, se fosse valer a vontade dos pais, engenharia, medicina e direito eram as únicas aprovadas de imediato. Em relação ao casamento, e isso ainda vale para algumas culturas, a vontade dos pais também pesava muito na escolha do companheiro. Para milhares de casais, o relacionamento conjugal significou uma vida inteira de sacrifícios.

Nos dias de hoje, embora os pais ainda tentem influenciar a vida dos filhos, em especial a dos indecisos, o acesso à informação e a mudança de cultura já não lhes permitem mais essa liberdade. Em geral, **os jovens estão mais conscientes em relação às suas escolhas** ou, pelo menos, dispõem de mais informações e de ferramentas que facilitam a análise dos dados preliminares e, consequentemente, das decisões.

Se eu fosse tomar como exemplo os meus dois filhos, confesso que seria exigir muito dos jovens. De fato, com doze, quinze ou vinte anos de vida, poucos são aqueles que conseguem fazer escolhas conscientes em relação ao futuro. O lado complicado de tudo isso é que **as escolhas não esperam você ficar adulto**. Elas exigem uma tomada de decisão imediata. Isso é bom ou ruim? Não sabemos ainda, depende do que vem depois.

Na medida em que você vai crescendo, a sociedade – composta por seus pais, amigos, professores, colegas de classe, empresas e desconhecidos – começa a pressioná-lo com relação às escolhas: "Você já transou?"; "Qual é o curso que você pretende fazer?"; "Por que você ainda não está trabalhando?"; "Você já fez intercâmbio?"; "Você está no Facebook?"; "Você ainda não tem carro?"; "Não acredito!".

Alguém poderia responder de maneira simples e educada: "Eu não quero transar antes de casar, não pretendo fazer curso superior nem trabalhar antes dos vinte, muito menos fazer intercâmbio, não gosto do Facebook nem de qualquer tipo de rede social e não tenho carro porque gosto de andar a pé e fazer exercício".

Parabéns! Se tiver coragem de dizer tudo isso, talvez perca todos os seus amigos ou talvez ninguém acredite nas suas palavras. Provavelmente, vão pensar que está dizendo isso por teimosia. Estamos falando de escolhas difíceis num mundo que manda você fazer tudo ao contrário.

Se eu pudesse oferecer um conselho, como aqueles de pai para filho, seria simples assim: **faça o que a sua consciência mandar**. Eu poderia ditar uma lista de coisas a fazer com base em minha própria experiência de vida, mas o que vale para mim não vale necessariamente para os jovens de hoje. Nem seria este o objetivo do livro. O objetivo principal aqui é fazer com que os jovens encontrem o próprio caminho através das suas próprias escolhas.

Você é jovem, "aborrecente" talvez, como diz a gíria, mas sabe o que é bom e o que é ruim. Talvez queira contradizer-se de vez em quando apenas para buscar a autoafirmação ou para mostrar que tem ideias próprias, mas, haja o que houver, **seja autêntico e prepare-se para enfrentar as consequências das suas decisões**. Na prática, escolha, aguente firme e não culpe seus pais por isso.

O seu futuro será resultado direto de suas escolhas na fase da pré-adolescência ou adolescência. Para poucos privilegiados, isso acontece ainda na fase da infância e vai amadurecendo com o passar dos anos.

Considere que o mundo está mudando muito rápido, portanto, o que for dito aqui poderá mudar na mesma velocidade. **As pessoas mudam, as escolhas mudam, as profissões mudam e a tecnologia também muda**. Apesar disso, deve-se tomar cuidado com algumas escolhas que não são simples de reverter.

Não estou dizendo que elas devem permanecer assim até o fim da vida, ainda mais se foram feitas de maneira errada. Estou dizendo que a mudança pode representar um custo alto em determinada fase da vida e que nem sempre estamos dispostos a pagar o preço.

Durante toda a vida as pessoas fazem muitas escolhas, algumas erradas, outras certas, algumas importantes, outras nem tanto. Consideramos fundamentais as seguintes escolhas ou decisões:

A pessoa com quem você viverá

Você é jovem ainda, eu sei disso, mas o fato é que não escapará de uma escolha como essa e, para variar, os seus pais meterão o bico e encontrarão um defeito em qualquer pessoa que você escolher, portanto, vá se preparando psicologicamente.

Assim como as escolhas mudam, a pessoa que você escolheu também mudará com o tempo. O diálogo mudará e o amor precisará de muito estímulo para se manter aceso.

Com vinte ou trinta anos de convivência sob o mesmo teto, não dá para descartar um ao outro e imaginar que a vida será mais fácil a partir dali, afinal, vocês escreveram parte das suas histórias juntos. Quanto mais acertada for a escolha para ambos, maior a chance de felicidade e sucesso conjugados.

A universidade onde você estudará

Por mais que as empresas se esforcem para dizer o contrário, a verdade é que elas continuam privilegiando currículos de profissionais diplomados pelas grandes universidades em qualquer lugar do mundo.

Tome-se o exemplo de Harvard, nos Estados Unidos. Profissionais que se formam na Harvard Business School são disputados a peso de ouro por empresas do mundo inteiro e saem praticamente empregados após a conclusão do curso.

Dessa forma, se houver a mínima chance de escolha, procure estudar numa universidade renomada, onde o esforço vale a pena. Depois de quatro ou cinco anos de estudo, imagine-se olhando para o diploma e dizendo para si mesmo: "Este realmente valeu a pena"; ou então: "E agora, o que é que eu faço com isso?".

A profissão que você escolherá

Escolher uma profissão não é tarefa simples. No meu caso, por várias razões, foi uma das decisões mais difíceis que já tomei. Para que isso acontecesse de fato foi necessário bater cabeça por oito empresas diferentes até converter a experiência de trinta anos de trabalho em profissão definitiva.

Valeu a pena? *Tudo na vida vale a pena*. Ao olhar para o lado positivo da situação, posso dizer que esses trinta anos foram determinantes para consolidar a ideia de uma nova profissão. Eu tinha que passar por isso, motivo pelo qual nunca olho para trás nem fico me lamentando. Foi bom em todos os sentidos.

Poderia ter sido diferente? Não restam dúvidas quanto a isso. Se no auge da minha adolescência eu tivesse escutado mais a voz do meu coração e da minha consciência, o caminho teria sido outro. Contudo, **o futuro é resultado das decisões tomadas no passado**, lembre-se disso.

No seu caso, não é necessário esperar tanto tempo para decidir. Você dispõe de informações e ferramentas que poderão ajudá-lo a entender melhor o seu perfil e a sua vocação. Pedir ajuda nesse sentido nunca é demais. Queira ou não, você precisa de um norte para a sua carreira. E isso pode ser obtido dentro de casa através de um diálogo aberto com os pais ou recorrendo a um profissional de orientação de carreira.

A empresa onde você trabalhará

Quando pergunto aos meus alunos se eles têm alguma ideia sobre qual seria a empresa dos seus sonhos, a resposta não é muito diferente de Apple, Google, IBM, Microsoft, Sony, 3M, Volvo e outras genuinamente brasileiras como O Boticário, Itaú, Natura e Votorantim.

Aparentemente, empresas assim são excelentes para se trabalhar. São os primeiros nomes que surgem quando alguém está motivado a provar o seu potencial. Entretanto, conheço pessoas que trabalharam em todas elas e saíram desencantadas.

Grandes corporações são ótimas em alguns aspectos e em determinados momentos para alguém, mas não para todos. A frustração ocorre pelo fato de as pessoas alimentarem falsas expectativas em relação ao que a empresa pode fazer por elas em vez de se apegarem ao conhecimento a ser adquirido nessas empresas, o qual poderá ser levado para o resto da vida.

A empresa dos sonhos nada tem a ver com o número de empregados, o valor do faturamento, o volume de vendas e os salários oferecidos. Tem a ver com a forma de tratamento, o ambiente de trabalho, as perspectivas de crescimento, o sentido de contribuição e a capacidade de realização proporcionada para todos os colaboradores e para a sociedade.

A empresa onde você trabalhará pode estar adormecida na sua mente. Pense nisso como uma grande possibilidade, torne-se um empreendedor de sucesso e crie a sua própria filosofia de trabalho, a exemplo de Akio Morita, Masaru Ibuka, Miguel Krigsner, Thomas Edison, Soichiro Honda e tantos outros que escreveram o seu nome na história.

A casa onde você morará

> Era uma casa muito engraçada, não tinha teto, não tinha nada; ninguém podia entrar nela, não, porque na casa não tinha chão.

Talvez você nunca tenha escutado os versos famosos de Vinícius de Moraes, mas, após lê-los pela primeira vez, prometo que eles nunca mais sairão da sua cabeça, principalmente quando estiver procurando uma casa ou apartamento para morar.

A casa onde você morará será o seu refúgio, o lugar onde você renovará as energias, repensará a vida, se distanciará da pressão diária por resultados cada vez maiores. Não estou falando da casa que você não pode ter ainda por uma questão financeira, mas da casa que escolherá enquanto a casa dos seus sonhos não se tornar realidade.

Trata-se de uma escolha importante e talvez você não tenha dinheiro suficiente para comprar a melhor casa ou apartamento da cidade. De qualquer forma, quando este momento chegar e você não conseguir comprar algo parecido com o que deseja, evite comparações com a casa do vizinho ou mesmo com as dos seus amigos que já estão mais adiantados. Não importa o tamanho nem a forma, a casa é sua e dentro dela você viverá os melhores momentos da sua vida.

A história de vida que você construirá

Por que precisamos de uma filosofia de vida? A sua história de vida dependerá da vida que você construir. O que isso tem a ver com as pessoas? Há uma enorme diferença entre as pessoas bem-sucedidas e aquelas que vão viver a vida apenas desejando coisas, sem empreender o esforço necessário para merecer os prêmios.

Sei que você é apenas um adolescente, mas filosofia de vida não requer idade mínima para ser adotada. Além do mais, uma das características das pessoas de sucesso é a consistência adquirida por meio de uma filosofia de vida. Talvez ainda não tenha ouvido falar nisso, mas é importante saber como funciona.

Ser consistente é seguir uma prática regular, ter um comportamento coerente com o seu discurso e fazer aos outros o que você gostaria que fizessem a você. A prática é simplesmente um hábito que você aperfeiçoará o tempo todo.

Além do mais, **ser consistente significa dedicar-se ao aprendizado a vida inteira**. Aprender é mudar, e o aprendiz que nunca se cansa de aprender é aquele que aprende a lidar com a sua própria resistência para atingir as metas e objetivos, simplesmente porque o faz o tempo todo.

Avalie o ambiente ao seu redor: a casa onde mora, as ruas por onde anda e as pessoas com quem se relaciona. Pense nas pessoas que são importantes na sua vida: pais, avós, amigos, professores, vizinhos e profissionais da comunidade. Eles são o seu ambiente, o seu círculo de relacionamentos, as suas associações. Eles são tudo o que você tem para moldar sua atitude diária e para criar uma filosofia de vida bem-sucedida.

Quando adotar uma filosofia de vida consistente, o culpado nunca será o tempo, o chefe, o amigo, o carro, a profissão, o presidente, a namorada, o vizinho, o casamento, as crianças ou o emprego que você escolheu. Uma filosofia de vida nunca fará com que você transfira para os outros os resultados que somente você, e mais ninguém, poderá conquistar com atitudes sensatas. Isso é o que eu chamo de filosofia de vida consistente e duradoura.

> **DICA IMPORTANTE**: Para se destacar na vida e no trabalho, seja você mesmo e adote uma filosofia diferente dos seus amigos. Respeite-os, mas não se deixe influenciar. Tudo o que eles querem é que você seja igual a eles. Tudo o que você precisa é ser diferente deles. Respeite o ponto de vista alheio sem abrir mão do seu.

2
DESCOBRINDO O SEU PROPÓSITO DE VIDA

Neste capítulo você aprenderá a:

- Conhecer diferentes perspectivas a respeito do sucesso na vida pessoal e profissional;
- Alinhar o seu propósito de vida com as alternativas disponíveis no mercado;
- Avaliar os passos essenciais a partir do entendimento da sua visão e do seu propósito de vida;
- Descobrir os seus fatores de motivação e mapear as suas habilidades específicas (competências);
- Estabelecer objetivos e metas de acordo com a sua realidade de vida.

2.1 O que significa ter sucesso na vida pessoal e profissional?

O mundo atual proporciona infinitas possibilidades de sucesso nos campos pessoal e profissional. **Com ideias simples, dedicação e otimismo, é possível destacar-se em qualquer área que você escolher** para ganhar a vida e se transformar numa pessoa de bem. E não é necessário curso superior. Você precisa apenas de cabeça, coração e oportunidade.

O caminho mais rápido para o sucesso é reavaliar o que ele significa para você. Se pensarmos que o mundo conta com mais de sete bilhões de pessoas, que nem todas dispõem das mesmas ferramentas e oportunidades e que cada pessoa tem uma visão diferente do sucesso, o importante é não se deixar influenciar pelo motivo que levou as outras pessoas a terem êxito. Nesse caso, o que vale muito é o significado do sucesso para você.

Se você decidir ouvir seus amigos, vizinhos, parentes ou deixar-se influenciar pela mídia – revistas, jornais, televisão e internet –, haverá uma enorme pressão para realizar tudo ao mesmo tempo: comprar o celular da hora, conseguir um emprego bem remunerado, encontrar o par perfeito, trabalhar na Google, juntar um milhão antes dos 30 anos e assim por diante.

É possível conseguir tudo isso? Provavelmente sim, mas não no tempo que você imagina. Além disso, ainda que você seja extremamente bem-sucedido, será que isso é o que realmente deseja da vida? Lembro sempre de Warren Buffet, um dos homens mais ricos do mundo, que declarou o seguinte: "Eu daria toda a minha fortuna para ser *reconhecido como um grande filósofo e não como o homem mais rico do mundo*".

O que estou dizendo é que dinheiro, fama, bens materiais ou estar em capas de revistas é interessante em determinado momento, mas nada disso será válido se você se sentir fracassado em relação ao seu verdadeiro propósito de vida.

O erro mais comum que se pode cometer é não estabelecer o sucesso segundo os seus próprios valores. Você é capaz de identificar os parâmetros de sucesso que diferem dos tradicionais, ou seja, o dinheiro, a fama ou quinze minutos de exposição na mídia? Isso é importante na hora de definir os seus objetivos e sonhos pessoais, entretanto, é preciso ser sensato ao escolher o tipo de sucesso que você pretende alcançar. Quando alguém alimenta sonhos impossíveis, tende a buscar atalhos para alcançá-los e isso pode acabar em frustração.

Felicidade, sucesso e glória dependem de metas realistas. Quanto mais realistas, mais fáceis de serem alcançadas. Deve existir significado em tudo isso. O que conta mesmo é o esforço e o risco envolvido, caso contrário, você nunca se sentirá plenamente realizado.

Considerando o fato de que você ainda tem um bom caminho pela frente e não precisa esperar a aposentadoria para descobrir o que isso significa, tente esquecer um pouco a influência dos seus pais, professores e amigos. Na maioria dos casos, eles dizem tudo o que você deve fazer, mas talvez eles mesmos ainda não tenham se encontrado, e ficar palpitando na sua vida é uma forma que eles encontram de curar as suas próprias frustrações.

A maneira mais gratificante e reconfortante de descobrir se você está no caminho certo para alcançar o sucesso e a autorrealização é adotar uma definição de sucesso diferente de qualquer outra existente na face da Terra: a sua própria definição.

O sucesso depende muito do que ele significa para cada pessoa. Quanto mais expectativas falsas você alimentar em relação a isso, maior será a frustração no futuro. Por essas e outras razões, muitas pessoas atingem determinado estágio da vida e começam a reavaliar a sua trajetória.

Antes de prosseguir, deixe-me explicar o significado da palavra *futuro*, algo que já deve estar na sua cabeça, mas que pode ser avaliado sob um novo ângulo para que as coisas se elucidem ainda mais.

> **FUTURO** nada mais é que o resultado, positivo ou negativo, das suas ações passadas. Portanto, se você não fez nada no passado, não pode esperar nada do futuro.
> **FUTURO** resulta em lamento e frustração quando você não consegue encontrar o seu próprio caminho (vocação).
> **FUTURO** resulta em alegria, felicidade e satisfação quando você tem consciência da sua realidade e empreende ações consistentes e duradouras para alcançá-lo.

Na medida em que vai ficando mais velho ou mais experiente, também vai acumulando todo tipo de advertência e perdendo contato com os seus desejos mais profundos. A impressão é a de que está caminhando na direção errada e parece que todo mundo está certo, menos você.

Na prática, você se perde tentando entender o que o mundo quer e acaba adotando um comportamento diferente apenas para obter a aprovação alheia. O resultado de tudo isso é que acaba fazendo coisas que nada têm a ver consigo, mas que agradam a maioria, principalmente seus pais e amigos mais próximos. Quer alguns exemplos?

> Você...
> 1. Trabalha na loja do pai porque ele quer que você continue com o negócio ou porque nenhum empregado consegue conviver com ele.
> 2. Faz o curso de direito porque seu pai, seu tio e seus primos são advogados.
> 3. Casa-se com a primeira pessoa com quem a família simpatiza, afinal, vocês são da mesma cultura e da mesma religião.
> 4. Procura um concurso público para garantir a estabilidade em vez de investir na carreira dos seus sonhos: a medicina.

Não desejo que isso lhe aconteça, portanto, seja razoável e considere o sucesso com base naquilo que você mesmo quer pelo resto da vida. Nada me espanta com relação aos adolescentes que ainda nem imaginam o que fazer na vida. A maioria demora para encontrar o seu lugar no mundo e boa parte nunca descobrirá a razão pela qual está nele. O que me preocupa são aqueles que, mesmo com tanta informação disponível, ainda dependem dos pais, dos amigos, dos professores ou da própria sociedade para se encontrar na vida.

Quer dizer que a opinião dos pais não significa nada? Já falamos sobre isso no capítulo anterior. A opinião deles é importante, mas não é determinante. Leve em consideração as ideias deles, filtre de acordo com os seus valores e tome a sua própria decisão. Assim, o esforço valerá mais a pena. A responsabilidade será toda sua, de mais ninguém.

Meu pai quis muito que eu fosse engenheiro eletrônico, talvez pelo fato de ele ter cursado eletrônica por correspondência, oferecida pelo antigo Instituto Universal Brasileiro, e também porque nunca teve a oportunidade de ingressar na universidade, como era o seu desejo inicial.

Naquela época, ele tinha orgulho de saber consertar rádios, toca-discos e até mesmo televisores, mas encerrou a sua modesta carreira como mecânico de manutenção considerando que as fases da infância e da adolescência não foram tão generosas com ele quanto foram comigo. A maioria dos nossos pais e avós não teve o privilégio de optar pela carreira dos seus sonhos.

Durante muito tempo eu tentei realizar o sonho de meu pai e acabei fazendo o curso técnico de eletrotécnica, talvez para agradá-lo, talvez para agradar a mim mesmo, talvez para encontrar um rumo na vida, afinal, quase metade dos jovens saía da minha cidade para estudar na capital e cursar a escola técnica. O fato é que eu não tinha a mínima vocação para a área técnica, mas isso não invalidou a boa intenção do meu pai de querer o meu melhor.

Faz trinta anos que eu concluí o curso de administração de empresas. Os quatro anos da faculdade estão entre os melhores da minha vida, sem sombra de dúvida. Aprendi a tratar a administração como arte, religião e ciência, o que me ajudou a abrir os olhos e as portas para uma nova forma de sobrevivência, além do crescimento pessoal e profissional e do consequente aproveitamento da minha vocação original.

O legal de tudo isso é que a administração me abriu as portas para o exercício do relacionamento profissional. E os relacionamentos me abriram novas portas para a docência e a educação corporativa. E isso, definitivamente, me abriu as portas para consolidar aquilo que eu realmente gosto de fazer e que acabou se transformando em uma bela missão de vida: **inspirar pessoas, transformar ideias em negócios e gerar prosperidade**.

Isso acontece com a maioria das pessoas. Uma porta vai abrindo outras e assim elas vão encontrando o próprio caminho. **Sucesso significa ir de fracasso em fracasso sem perder a paixão e o entusiasmo**, dizia Winston Churchill, ex-primeiro-ministro britânico. Para sermos cúmplices e razoáveis até o fim do livro, quero compartilhar a minha definição de sucesso pessoal e profissional:

Sucesso é...
1. Escolher, por livre e espontânea vontade, o que você quer fazer na vida.
2. Entender que a vida não é só trabalho e que o trabalho não é toda a sua vida.
3. Saber utilizar o tempo livre com sabedoria para aproveitar os pequenos e maravilhosos momentos que a vida lhe proporciona.
4. Ter em mente que o dinheiro é importante, mas que você só é feliz quando o dinheiro deixa de ser prioridade.

O que foi dito até agora servirá de base para pensar no sucesso, mas o que realmente interessa aqui é o significado do sucesso para você. Para ajudá-lo a construir o próprio conceito, preparamos uma série de questões relacionadas às dúvidas da maioria dos adolescentes, com base em observações dos nossos próprios filhos, dos filhos dos nossos amigos e dos amigos dos nossos filhos.

O ideal é dedicar um tempo para pensar nisso e colocar as respostas no papel. Se ficar inventando desculpas do tipo "não tenho tempo", você trilhará o mesmo caminho dos seus amigos que só pensam em curtir a vida e, de balada em balada, vão construindo um futuro incerto. Você é diferente deles.

> **PERGUNTAS PODEROSAS PARA ENCONTRAR
> O PRÓPRIO CONCEITO DE SUCESSO**
>
> 1. O que o sucesso significa para mim?
> 2. O que a felicidade significa para mim?
> 3. O que eu pretendo ser quando crescer?
> 4. O que significa ser bem-sucedido na vida pessoal?
> 5. O que significa ser bem-sucedido na vida profissional?
> 6. Quais são os elementos que melhor representam o meu conceito de sucesso: carro, amigos, família, dinheiro no banco, lazer, fazer parte de uma tribo, liberdade, etc.?
> 7. O que eu preciso fazer desde já para iniciar a caminhada em direção ao sucesso?
> 8. O que eu estou pensando em fazer é passível de sucesso?
> 9. Quanto tempo leva para alguém ter sucesso na vida?
>
> **SUCESSO** para mim é _____

2.2 Onde você quer estar daqui a vinte anos?

Torço para que, depois de terminar a leitura deste livro, daqui a vinte anos, você já tenha muito nítida, através da sua profissão e da sua missão de vida, a resposta que está buscando hoje através das questões: "O que serei no futuro? O que serei quando crescer?".

O que são vinte anos? Duas décadas, 240 meses, aproximadamente 1.680 semanas, 7.300 dias, 175.200 horas, ou seja, um quarto do tempo médio de vida do ser humano. Dá para fazer uma porção de coisas maravilhosas nesse tempo. Em vinte anos, se você quiser, pode criar várias empresas, ficar rico, construir um legado, escrever o seu nome na história.

Pode-se dizer que vinte anos é muito tempo, então, por que deveria se preocupar agora? Isso é bem verdade, mas não estou dizendo que você precisa se preocupar. Estou sugerindo que se planeje para isso. A preocupação vem depois, se não fizer nada de diferente nos próximos vinte anos.

Faremos o possível para não abordar coisas negativas neste livro, mas em vinte anos as coisas podem não estar tão favoráveis quanto estão nos dias de hoje. A pressão da sociedade, o aquecimento global, a competição ainda mais acirrada no mercado de trabalho e a dependência tecnológica exigirão mais das pessoas e dos profissionais.

Muitas empresas e empreendedores nasceram há menos de duas décadas, entretanto, boa parte deles não sobreviverá aos próximos vinte anos. Num ambiente puramente global e tecnológico, em menos de vinte anos você estará vivendo em outro mundo integralmente conectado por meio de ambientes virtuais, inteligência artificial, redes sociais e outras tecnologias ainda nem imaginadas.

Na prática, vinte anos são mais do que suficientes para consolidar a ideia de se tornar um profissional, um esportista ou ainda um empreendedor de sucesso. Por que não? Você também poderá ficar estagnado fazendo coisas simples que a maioria das pessoas não gosta, mas se obriga a fazer para sobreviver.

Fazer o que não gosta por um curto período de tempo ainda vai, mas fazer o que não gosta pelo resto da vida é algo que não desejo nem para o pior inimigo. Portanto, aqui vai uma ótima sugestão: **trate com carinho os próximos vinte anos e o seu futuro será inesquecível**.

Para dar uma ideia do que é possível fazer em vinte anos, escolhemos alguns exemplos históricos que vão iluminar o seu caminho e transformar a sua vida se você conseguir fazer um pedacinho do que eles conseguiram realizar. Embora o momento seja outro e o mundo esteja muito diferente do que era vinte anos atrás, as oportunidades continuam brotando em todos os lugares do mundo, em diferentes profissões e em diferentes negócios.

Akio Morita fundou a TTK (Tokyo Tsushin Kyogu) aos 25 anos de idade em companhia de Masaru Ibuka, treze anos mais velho. Em menos de vinte anos, ele mudou o nome da empresa para Sony e estabeleceu-se nos Estados Unidos com sucesso. Se você não conhece a importância da Sony para o mundo, entre no *site* da empresa e tenha uma ideia. Em menos de vinte anos, os produtos Sony conquistaram o mundo e são sinônimos de qualidade e eficiência.

> **Alexandre Costa**, com menos de 20 anos de idade, fundou a Cacau Show, no bairro Casa Verde, em São Paulo. Atualmente, a empresa conta com mais de 10 mil funcionários e 17.000 m² de área construída, sem nunca ter dependido de capital externo para ampliar as suas operações. Tudo o que Alexandre Costa fez, desde os seus 17 anos, foi unir paixão, visão e dedicação ao negócio que se transformou em referência no empreendedorismo nacional.
>
> **Raúl Candeloro**, em menos de vinte anos, transformou a Editora Quantum, responsável pela publicação da revista *Venda Mais* e do Portal Venda Mais, numa referência editorial para profissionais da área de vendas. Além da *Venda Mais*, lançou posteriormente as revistas *Motivação*, *Liderança*, *Gestão em Vendas* e *Investmais*, enviadas para mais de 30 mil assinantes todos os meses. Isso é empreendedorismo na prática.
>
> **Soichiro Honda** levou em torno de vinte anos para encontrar o seu lugar no mundo. Depois de bater cabeça e praticamente falir, em 1937, as portas se abriram para ele através da Tokai Seiki Heavy Industries, com o início da fabricação de anéis de pistão de qualidade. Hoje, a Honda é uma empresa de alcance mundial e todos conhecem a sua importância no mercado. Seus produtos – motocicletas, veículos, barcos e aviões – estão entre os mais desejados do planeta.

Uma antiga frase do ex-presidente norte-americano John Kennedy continua atual e merece ser lembrada: "Não pergunte o que seu país pode fazer por você, mas o que você pode fazer pelo seu país". Isso vale para os Estados Unidos, para o Brasil e para qualquer outro país do mundo.

Para descobrir o que você pode fazer por si mesmo, pela sua família e pelo seu país será necessário descobrir o seu verdadeiro propósito de vida. Quando aprender a colocar a cabeça, o coração e as emoções à frente de qualquer ideia promissora, o processo será mais produtivo.

O verdadeiro propósito de vida é bem mais forte do que você. Quando você se dedica a uma causa, seja um negócio, uma ação política ou mesmo uma ação de responsabilidade social, e coloca a emoção a seu favor, nada poderá detê-lo. A realização é apenas uma questão de tempo. Acredite, talvez não seja preciso esperar vinte anos, portanto, utilize o tempo com sabedoria.

O tempo é um amigo poderoso quando se sabe aproveitá-lo, e um inimigo ferrenho quando tudo o que você faz é desperdiçá-lo. Seja diferente de muitos colegas que você conhece e gerencie suas atividades no tempo disponível. Cada minuto é importante. Não perca tempo com coisas que não o ajudam a encontrar o caminho mais rápido para o futuro.

A questão do tempo é relativa. Quando estiver envolvido em atividades que provocam prazer e alegria, dificilmente o tempo será levado em consideração. É como estar ao lado da namorada ou namorado que você ama e, quando menos espera, está na hora de se despedir e voltar para casa. E no dia seguinte você não vê a hora de encontrá-lo (a) de novo.

Acontece o mesmo quando você descobre o seu propósito de vida. Não importa a idade. Nunca é tarde para colocar em prática suas ideias e, da mesma forma, nunca é cedo demais. Basta ter consciência das habilidades para aproveitar melhor a sua vocação. Além do mais, você deve acreditar em si mesmo, ter fé na vida, na família e na sua capacidade de realização.

A grande maravilha do universo é que cada ser humano possui talentos únicos. Existe algo que ninguém consegue fazer tão bem quanto você. Não importa se for poesia, escultura, escrita, cirurgia ou gastronomia. Se for o seu propósito de vida, as consequências serão positivas: fama, fortuna, autorrealização e uma enorme possibilidade de transformar o mundo ao seu redor.

Queremos ajudá-lo a descobrir o que você será no futuro, mas o momento "eureka" ficará por sua conta. Se já sabe, ótimo; se não sabe, vamos iniciar pelas dimensões da inteligência, mapeadas pelo psicólogo Howard Gardner, Ph.D., professor da Universidade de Harvard, nos Estados Unidos.

Durante uma pesquisa realizada na década de 1980, o professor Gardner identificou sete inteligências distintas. O resultado do trabalho foi publicado em seu livro *Estruturas da Mente*, em 1983. Mais adiante, ele acrescentou outros dois tipos de inteligência, conforme descrito a seguir:

TIPO DE INTELIGÊNCIA	HABILIDADES ESPECÍFICAS	QUEM UTILIZA
VERBAL/ LINGUÍSTICA	Habilidade para agradar, convencer, estimular ou transmitir ideias através de sons, ritmos e significados das palavras	Artistas Comediantes Escritores/novelistas Palestrantes Teatrólogos
MUSICAL	Habilidade para apreciar, compor ou reproduzir peças musicais mediante a discriminação de sons, sensibilidade para ritmos, texturas e timbres; percepção de temas musicais	Cantores Compositores Maestros Músicos em geral
LÓGICO-MATEMÁTICA	Habilidade para identificar padrões, ordem e sistematização; facilidade para lidar com séries de raciocínios, reconhecer problemas e resolvê-los	Advogados Banqueiros Cientistas Contadores Engenheiros Programadores Matemáticos
ESPACIAL	Habilidade para perceber o mundo visual e espacial de forma precisa, para manipular formas e objetos mentalmente e, a partir das percepções, criar tensão, equilíbrio e composição, numa representação visual ou espacial	Arquitetos Artistas gráficos Cartógrafos Desenhistas Escultores Pintores
CORPORAL/ CINESTÉSICA	Habilidade para resolver problemas ou criar produtos a partir do uso de determinado membro ou órgão do corpo ou de todo ele; está relacionada ao movimento físico e ao reconhecimento do corpo	Atletas em geral Artistas circenses Atores Dançarinos Ginastas olímpicos Mímicos
INTERPESSOAL	Habilidade para entender e responder adequadamente a humores, temperamentos, motivações e desejos de outras pessoas	Líderes religiosos Políticos Pesquisadores Professores Terapeutas

INTRAPESSOAL	Habilidade para ter acesso aos próprios sentimentos, sonhos e ideias, para discriminá-los e lançar mão deles na solução de problemas pessoais	Filósofos Pesquisadores Psicólogos Psiquiatras
NATURALISTA	Habilidade para identificar, reconhecer e classificar padrões ou espécies da natureza, também conhecida como inteligência biológica ou ecológica	Biólogos Ecologistas Jardineiros Paisagistas
EXISTENCIALISTA	Habilidade para refletir sobre questões fundamentais da vida humana, de refletir a nossa própria existência: quem somos, de onde viemos e para onde vamos ou por que morremos	Filósofos Pensadores Pesquisadores Psicanalistas

Imagine quantas coisas o ser humano é capaz de realizar; quantas áreas podem ser exploradas; quanto bem se pode produzir. De uma maneira ou de outra, qualquer uma das inteligências pode estar adormecida dentro de cada um de nós. A questão essencial é identificar a área que você mais gosta ou com a qual mais se identifica. Em outras palavras, a área em que você é mais competente.

Por mais que ainda não tenha descoberto, ninguém deve achar que não possui ao menos um tipo de inteligência identificada por Howard Gardner. Todas as pessoas possuem tendências individuais que podem ser enquadradas dentro de qualquer uma delas. São as suas habilidades, características ou competências. É o seu talento.

Encontrar o seu tipo de inteligência requer respostas para perguntas que chamamos de "poderosas". Isso o fará pensar a respeito, colocar no papel e amadurecer a ideia. Começar pela primeira é mais fácil, embora você ainda não tenha a resposta. Ela é repetitiva, mas não queremos que termine o livro sem pensar seriamente nisso, afinal, o seu futuro está em jogo. Nós temos as perguntas e você tem as respostas.

PERGUNTAS PODEROSAS	RESPOSTAS PODEROSAS
O que você será no futuro?	
O que deixa você emocionado?	
Quando você está feliz, você está fazendo o quê?	
Em que momento você se sente mais energizado?	
O que faz você levantar animado?	
Se você pudesse montar um negócio por conta própria, o que seria?	
Se você tivesse que decidir agora, sem pensar, o que gostaria de fazer nos próximos vinte anos?	
Quais são as suas habilidades mais aparentes?	
O que as pessoas dizem a seu respeito é bom ou ruim?	
Quanto tempo leva para ficar rico?	

2.3 Qual é o primeiro passo?

Para início de conversa, vamos "abrasileirar" um antigo ditado chinês que é uma excelente reflexão para quem deseja trilhar uma carreira de sucesso, como empreendedor ou empregado: **"Uma jornada de mil quilômetros começa com o primeiro passo"**.

Se fosse possível e prazeroso caminhar em torno de 30 quilômetros por dia, você poderia percorrer um trajeto superior a 200 mil quilômetros em vinte anos. A distância total seria duzentas vezes maior do que os mil quilômetros sugeridos no ditado chinês.

Poucas pessoas ao redor do mundo percorrem mil quilômetros ou mais durante uma vida inteira, entre as quais estão alguns maratonistas e jogadores de futebol, considerando que uma caminhada dessa natureza requer preparo, força de vontade, persistência e, acima de tudo, disciplina.

O primeiro passo na descoberta do seu propósito de vida é entender o que o motiva. No mundo atual, muitas coisas que motivam os adolescentes são distorcidas pela mídia e acabam influenciando sua carreira de maneira negativa. Não é o seu caso, tenho certeza. Você está buscando o melhor porque sabe o quanto é importante começar agora.

De acordo com Dave Francis, autor do livro *Managing your Own Career* (*Gerenciando sua Própria Carreira*, em tradução livre), **as pessoas que têm autonomia e controlam a sua própria carreira são mais motivadas**. Para que isso aconteça, é necessário entender os principais fatores que ajudam a criar consciência para fazer as coisas que devem ser feitas. Em resumo, será necessário encontrar os seus próprios fatores de motivação.

Motivadores são forças internas que determinam o grau de interesse em relação ao que você quer e precisa para a sua vida pessoal e profissional. Embora sejam muitos, identificar os principais motivadores poderá ajudá-lo a compreender melhor o que está realmente buscando, mas não como chegar a isso.

A maior parte das pessoas apresenta dois ou três fatores básicos de motivação. Um deles é determinante e pode se alternar em diferentes fases da vida. Trata-se do fator principal que orienta o desenvolvimento da carreira e fornece coerência nas escolhas e decisões ao longo do caminho.

Além do mais, você não pode descuidar nunca da sua autoestima. Na fase da adolescência é comum as pessoas se perderem naquele turbilhão de ideias e conselhos que surgem de todos os lados, mas fique atento à sua autoestima. Ela é quem vai monitorar o seu estágio de desenvolvimento pessoal e profissional.

Profissionais com autoestima elevada tomam iniciativas para aumentar as possibilidades de conquistar o que precisam e o que querem da vida, em vez de reagir passivamente aos acontecimentos. Tem a ver com automotivação que não pode ser ensinada nas escolas, e está dentro de você mesmo.

Segundo Francis, os motivadores não são fixos e variam de acordo com as circunstâncias. A segurança, por exemplo, se tornará muito mais importante na construção de uma família e da carreira. O conhecimento, por sua vez, o ajudará a consolidar um ponto de vista sobre determinado assunto e ampliar as chances de se tornar um especialista no mercado.

Em seu livro, o autor menciona nove motivadores profissionais. Cada um deles é composto de desejos e necessidades. Embora exista uma leve sobreposição de conceitos e interpretações entre eles, cada qual tem sua própria característica, conforme descrito na tabela a seguir:

FATORES DE MOTIVAÇÃO PROFISSIONAL		
FATOR	O QUE SIGNIFICA	PRIORIDADE
ASSOCIAÇÃO	A necessidade de pertencer ao meio – um grupo, uma empresa, um clube, etc.; a eterna busca de relacionamentos íntimos e significativos com as pessoas no trabalho.	
AUTONOMIA	A busca pela independência; capacidade de tomar decisões importantes por própria conta e risco; vontade de ser o próprio patrão e de administrar o próprio tempo.	
BUSCA DE SENTIDO	Fazer coisas que tenham valor sentimental mesmo que não apresentem recompensas financeiras ou materiais; contribuir para uma sociedade melhor.	
CRIATIVIDADE	Identificar-se com uma forma de expressão original; fazer algo diferente; buscar a inovação constante; destacar-se na multidão por mérito.	

ESPECIALIZAÇÃO	Domínio pessoal e excelência; realização numa área específica; buscar a reputação de especialista.	
PODER/ INFLUÊNCIA	Buscar uma posição de controle sobre as pessoas e recursos; assumir papel importante de liderança, comandar.	
RECOMPENSAS MATERIAIS	Buscar elevado padrão de vida; aparentar riqueza; buscar a posse de bens e riquezas materiais.	
SEGURANÇA	A eterna busca por um futuro consistente e previsível; ter segurança financeira; optar por coisas mais seguras; zona de conforto e estabilidade.	
STATUS	Sentir-se importante, ser reconhecido e ser valorizado; ser admirado e respeitado pela sociedade; fazer parte de um "sistema" mediante uma posição de prestígio.	

Para entender melhor, atribua pontos, numa escala de 1 a 9, para cada fator motivador, de acordo com o grau de importância (prioridade) que ele tem para você; ou seja, 1 para o mais importante e 9 para o menos importante. Quando a ordem estiver de acordo com o que você pensa a respeito, separe os três mais importantes. Exemplo: **Autonomia – Criatividade – Segurança**.

Se for possível, faça isso sozinho, em silêncio, sem ninguém para atrapalhar. Quanto mais concentrado estiver, melhor a análise. Feita a escolha, avalie o impacto positivo ou negativo de cada um deles no seu futuro respondendo às seguintes perguntas:

- De que maneira a autonomia, a criatividade e a segurança (ou outros fatores escolhidos) poderão influenciar minha vida no futuro?
- Até que ponto as minhas atividades atuais representam meus fatores de motivação escolhidos?
- Em qual profissão ou atividade eu poderia utilizar os três fatores ao mesmo tempo?
- Quais são as possíveis implicações de cada fator motivador em relação ao meu futuro?

Os fatores de motivação profissional estão diretamente relacionados com os seus valores, afinal, o ser humano é movido por forças interiores para satisfazer suas necessidades. Identificar a natureza dos seus próprios fatores motivadores e compreender até que ponto as circunstâncias ao seu redor estão em harmonia com eles é o que fará a sua vida ganhar sentido.

Importante: nem pense em transferir a responsabilidade para seus pais. Eles já possuem problemas suficientes para se preocupar, mas isso não impede que compartilhe com eles a sua percepção. Como eles estão sempre querendo o seu bem, não recusarão oferecer o apoio necessário para que você se sinta mais confortável com suas escolhas. Contudo, a responsabilidade será sempre sua.

Torço para que, a esta altura, sua cabeça esteja fervendo. Ler um livro é assim mesmo. Aos poucos, ele vai mexendo conosco e em determinado momento a gente fica se perguntando como é possível dar conta de tudo isso. Não desanime! Temos ainda muito chão pela frente.

Quando falamos em primeiro passo estamos falando de ações concretas, perceptíveis, mensuráveis, flexíveis, coisas das quais você precisará muito quando estiver envolvido, a mil por hora, numa atividade que lhe dá alegria e satisfação profissional. Uma ferramenta importante da qual você não deve abrir mão é aquilo que denominamos **Inventário de Habilidades**.

Na esperança de abreviar o caminho, muitos adolescentes concentram-se em coisas que não são capazes de realizar ou então não fazem muito bem. No seu caso, você está buscando o caminho que lhe permitirá fazer as coisas com mais amor, dedicação, paixão e entusiasmo. Ao inventariar suas habilidades, você deverá se concentrar naquilo que gosta, em algo que você é bom e não no que dá mais dinheiro. Não se espante: mais adiante entenderá melhor.

Descobrir e conhecer suas habilidades aumentará sua confiança e sua autoestima, além de ampliar o nível de assertividade para que saiba aproveitar ao máximo as oportunidades e superar os desafios no meio do caminho. **Ser assertivo é sustentar suas ideias com convicção para influenciar as pessoas** e não para ser influenciado por elas.

A intenção é facilitar o aprendizado e não reinventar a roda, portanto, com algumas adaptações, vamos utilizar a matriz disponível no livro *Seja o*

Melhor!, editado por Steve Smith, ex-professor da Universidade de Aston, na Inglaterra. Em primeiro lugar, como você deve proceder:

1. **Estimule os pensamentos**: faça uma lista de experiências, tais como: obrigações diárias, desafios na escola e na comunidade, participação em atividades de lazer/esportes, trabalho voluntário ou comunitário, coisas que faz por amizade e coisas das quais se orgulha.
2. **Levante o máximo de informações sobre suas habilidades**: registre ou inventarie suas habilidades e competências, a opinião dos seus pais, amigos, parentes mais próximos e professores a seu respeito.
3. **Filtre e relacione suas habilidades**: como membro da família, como amigo, como líder ou integrante da equipe de esportes do colégio, como membro da comunidade onde você vive.
4. **Avalie o grau de desempenho de cada habilidade**: até que ponto você é capaz de seguir adiante com elas e aperfeiçoá-las. Por exemplo: se você foi o melhor levantador de bola do colégio na Liga das Escolas Estaduais, é possível seguir adiante com isso?
5. **Analise suas respostas e identifique seus interesses fundamentais**: as coisas que você realmente gosta de fazer, as coisas em que você é bom e gostaria de continuar fazendo pelos próximos vinte anos ou pelo resto da vida.
6. **Visualize o futuro (essa é por nossa conta)**: feche os olhos, relaxe e concentre-se no futuro. Essa técnica é conhecida por *self talk* (uma conversa com você mesmo). Lembre-se da pergunta fundamental para o sucesso: o que você vai ser quando crescer?

A partir das respostas, você pode organizar melhor o seu **inventário pessoal de habilidades**. Com base no exemplo a seguir, utilize quantas habilidades quiser, afinal, elas são suas. Seja crítico na seleção e honesto consigo mesmo. Não se deixe levar pelas emoções.

HABILIDADES IDENTIFICADAS	GRAU DE AVALIAÇÃO
Habilidade para organizar e comandar equipes	Posso ser um líder respeitado? Posso ser um grande técnico de futebol? Posso ser um líder de projetos? Posso ser um empreendedor de sucesso?
Habilidade básica para trabalhar em equipe	Prefiro ser liderado a liderar. Gosto de trabalhar com pessoas. Quero fazer parte de uma grande equipe. Meu futuro é trabalhar com pesquisa científica.
Habilidade para captar as ideias e transmiti-las com facilidade e clareza	Posso ser um grande palestrante? Posso ser um excelente político? Posso ser um respeitado professor universitário? Posso ser um ótimo profissional de treinamento?

Ao aprender a inventariar suas habilidades em diversas atividades, você aprende também que é capaz de fazer coisas que outras pessoas não têm a mínima vocação para fazer. Quando descobre onde é mais forte que os outros, encontra o ponto de partida para o seu futuro profissional.

A falta de um propósito de vida faz com que amigos e conhecidos se entreguem às drogas, ao álcool e ao crime. Outros escolhem não fazer nada e se apegam aos jogos eletrônicos. Outros passam a maior parte do tempo fechados no quarto em frente ao computador perdendo tempo com bobagens.

Pensando bem, é fácil encontrar razões para não fazer nada em vez de buscar uma razão inteligente para viver e ajudar as pessoas. Agora, se você já tem uma boa ideia de onde quer estar e do que pretende ser daqui a vinte anos, do seu tipo de inteligência, dos seus fatores de motivação e das suas habilidades, que tal pensar em sua visão de futuro?

Se, por exemplo, no inventário pessoal, você identificou habilidades para trabalhar em equipe, para ajudar as pessoas e para pesquisar, você pode estar no caminho certo para se tornar um excelente médico, um cientista famoso ou um importante membro do Greenpeace. Nada mal, hein!?

Visão é o seu passaporte para o futuro, algo que você sonha para o negócio, algo que energiza as empresas e as pessoas. Visão sem ação é apenas um sonho, e ação sem visão é apenas um passatempo. Com base nos exemplos a seguir, procure estabelecer a sua visão de forma tão clara quanto o seu objetivo de vida respondendo à seguinte questão: o que você vai ser quando crescer?

EXEMPLOS DE VISÕES DE FUTURO
1. Tornar o mundo mais empreendedor.
2. Reduzir os índices de pobreza mobilizando voluntários ao redor do mundo.
3. Criar uma empresa lucrativa onde as pessoas tenham orgulho e prazer de trabalhar.
4. Melhorar a qualidade de vida das pessoas com produtos e serviços revolucionários.

Você pode brincar com a sua visão de futuro o tempo que quiser, afinal, você ainda está em busca de respostas. Utilize o *self talk* de vez em quando e acredite no poder do subconsciente. Não deixe de pensar nisso até solidificar a ideia. **Na corrida para o sucesso, sai na frente quem consegue transformar sonhos em realidade. Sonhar é fácil, realizar é um desafio.**

2.4 O que você precisa fazer para chegar lá?

Escolhemos iniciar este tópico com uma frase proferida há mais de cem anos por Mark Twain, um dos escritores mais lidos e admirados dos Estados Unidos, autor de clássicos inesquecíveis como *O Príncipe e o Mendigo* e *As Aventuras de Tom Sawyer*.

> Em vinte anos, você estará mais desapontado pelas coisas que deixou de fazer do que pelas coisas que fez. Então, solte suas amarras. Afaste-se do porto seguro. Agarre o vento em suas velas. Explore. Sonhe. Descubra.

Com mais de 30 ou 40 anos de idade, você será uma pessoa respeitada no mercado de trabalho e na comunidade, em parte pela experiência, em parte pelos cursos realizados e em parte pelos resultados alcançados. Acredito muito na educação e na força adolescente que hoje domina a tecnologia e detém uma nova visão de mundo.

Daqui a dez anos, um pouco menos talvez, a ênfase crescente na inovação, a busca por qualidade e a preocupação com o meio ambiente serão ainda mais relevantes no delineamento de carreiras consideradas promissoras. Mais um motivo para encontrar o quanto antes um propósito de vida.

Analisando as tendências futuras, os negócios de maior potencial estarão no setor de serviços como saúde, qualidade de vida, turismo, lazer, alimentação, serviços para a terceira idade, etc. Serviços de consultorias especializadas também estarão cada vez mais presentes na vida do cidadão comum: desenvolvimento de carreira, planejamento financeiro e *marketing* pessoal.

No futuro, profissionais como gerente de inovação, gerente de *e-commerce*, especialista em eco-relações e conselheiro de aposentadoria e de carreira estarão entre os mais requisitados. **Uma questão essencial para os jovens de hoje** é saber o que fazer para aproveitar a nova onda de profissões do futuro.

Com relação à inovação, as áreas de biotecnologia, inteligência artificial, nanotecnologia, saúde e medicina nuclear serão especialmente promissoras. A tecnologia exigirá profissionais cada vez mais capacitados para transformar novidades em negócios e aplicações rentáveis. Diante disso, espero ver os seus olhos brilharem ao pensar no assunto e que sua mente possa captar o universo de oportunidades nos próximos dez anos.

Quando trabalhamos com estratégia pessoal ou planejamento estratégico para empresas, existe uma sequência lógica de ações a serem tomadas para atingir um objetivo. Na prática, se alguém quer conquistar uma medalha de ouro na prova dos 100 metros da natação nas Olimpíadas de 2024 ou se quer ver a sua empresa no *ranking* das cem melhores para se trabalhar, deve se preparar com antecedência e empreender ações consistentes para isso.

No caso das Olimpíadas, se for esse o seu desejo, possivelmente você realizará exames médicos para entender o seu biotipo, se filiará a um clube, adotará um plano de treinamento com um profissional especializado e, por fim, começará a participar de campeonatos com regularidade. Em suma, você traçará um plano de metas específicas para atingir um objetivo específico. Coloque as ideias no papel, de acordo com o exemplo a seguir:

OBJETIVO	Conquistar a medalha de ouro nos 100 metros rasos da natação nas Olimpíadas de 2024	2024
METAS	Matricular-se numa academia de natação / Associar-se a um clube	Jan./2019
	Treinar no mínimo 4 horas por dia	Diário
	Assistir a vídeos com o desempenho de atletas olímpicos nas últimas quatro olimpíadas	Quinzenal
	Estudar as diferentes técnicas de natação	Mensal
	Contratar um personal trainer	Fev./2019
	Quebrar o recorde brasileiro dos 100 metros rasos	Jul./2020
	Ser o melhor atleta do Campeonato Brasileiro de Natação	Dez./2020
	Quebrar o recorde sul-americano dos 100 metros rasos	Dez./2021
	Ficar entre os 5 melhores colocados no Campeonato Mundial de Natação	Dez./2022
	Conquistar a medalha de ouro no Campeonato Mundial de Natação	Dez./2023
	Conquistar a medalha olímpica	Ago./2024

Esta prática pode ser aplicada em todas as áreas da vida. Ao organizar os seus objetivos e metas no papel, você assume um compromisso irreversível que fará algumas pessoas morrerem de inveja. Alguns vão rir de você, mas estes não podem ser considerados amigos. Seus amigos de verdade acreditarão nas suas ideias e torcerão pelo seu sucesso.

Com base no exemplo anterior, vamos supor que você deseje se tornar um empreendedor de sucesso. Se você não quer trabalhar como empregado, gosta de autonomia para exercitar a criatividade e, além disso, deseja ajudar as pessoas e a sua cidade criando mais empregos, é um bom começo.

Imagine que em 2025 você queira ser um empreendedor respeitado no mundo dos negócios, ter mais de mil pessoas trabalhando na sua empresa, ser reconhecido como o empresário do ano no Brasil e ainda ser dono de um negócio altamente lucrativo.

Da mesma forma, traçará um plano de metas específicas para atingir um objetivo específico. Para se tornar um empreendedor de sucesso, ainda que não queira fazer curso técnico ou superior, além de muita criatividade, precisará de pessoas honestas, tecnicamente capacitadas e comprometidas para expandir os negócios a partir de um determinado momento.

Novamente, tente colocar as ideias no papel, de acordo com o exemplo a seguir:

OBJETIVO	Ter um negócio altamente lucrativo e tornar-me um empreendedor bem-sucedido no mundo dos negócios	2025
METAS	Ter uma conversa franca com meus pais a respeito	Jul./2020
	Iniciar o curso de Empreendedorismo no SEBRAE (EMPRETEC)	Set./2020
	Assinar uma revista de negócios para entender a realidade das empresas	Out./2020
	Economizar 10% da minha mesada	Mensal
	Pesquisar sobre as tendências de negócios na web	Nov./2020
	Escolher/decidir sobre o negócio que tem mais a ver comigo	Dez./2020
	Encontrar um sócio de confiança disposto a investir no negócio	Mar./2021
	Elaborar um Plano de Negócios	Jul./2021
	Abrir um negócio por conta própria	Out./2021
	Capitalizar a empresa com os próprios lucros do negócio	Dez./2021
	Abrir 4 filiais para fortalecer o negócio e expandir a rede	Dez./2022
	Expandir a rede de negócios e preparar abertura de capital (IPO)	Dez./2024
	Vender a empresa e partir para um novo segmento de mercado	Dez./2025

Você está indo muito bem! Existem vários estudos que comprovam a eficácia do planejamento para quem registra suas metas, objetivos, sonhos e ambições no papel, por mais simples que seja o método. Para isso, você pode comprar uma agenda, um bloco do tipo *moleskine* ou ainda criar um relatório de objetivos e metas no próprio computador.

Os sonhos em si não levam as pessoas a lugar algum. O mundo está cheio de sonhadores que não conseguem sair do lugar. A tradução dos sonhos em metas, objetivos e planos de ação é o que poderá torná-los reais, portanto, coloque a criatividade para trabalhar. Cada sonho ou objetivo merece um plano de ação. Leve a sério cada *insight* obtido e, enquanto a oportunidade de colocá-lo em prática não aparece, procure registrá-los.

Assim como aprendeu a fazer um inventário de habilidades, procure fazer também um inventário de sonhos nas diferentes áreas da vida: física – lazer – financeira – profissional – espiritual – relacionamento familiar – relacionamento social – relacionamento íntimo – intelectual – emocional; e assim por diante.

Na prática, significa projetar a qualidade de vida que você quer ter, o corpo que deseja carregar, a situação financeira ideal, o modelo de família que pretende formar, o relacionamento que gostaria de ter. Mais do que projetar o futuro, você estará definindo o seu próprio estilo de vida.

Agora, se você já tem uma boa ideia de para onde correr nos próximos vinte anos, que tal transformá-la em uma missão de vida? Comece pelos seus fatores motivacionais, retomando o exemplo discutido no tópico anterior: **Autonomia – Criatividade – Segurança**. Faça de conta que são seus e tente escrever sua missão de vida utilizando esses fatores. Se preferir, tente outros que porventura tenha escolhido.

Antes de prosseguir, deixe-me esclarecer o que é missão de vida. Muita gente não dá bola para isso, acha bobagem ou algo do tipo, mas isso é tudo o que você precisa para encontrar o seu lugar no mundo. Se você já tem ideia do seu tipo de inteligência, dos seus fatores de motivação e das suas habilidades, fica mais fácil projetar a missão.

Para facilitar o entendimento do conceito, procure encontrar respostas para algumas questões fundamentais. Isso o ajudará a "viajar" um pouco mais e encontrar uma luz para seguir a jornada. Vejamos:

- Em que eu sou realmente bom?
- Quais são as minhas habilidades mais fortes?
- De todas as necessidades existentes no mundo, quais eu posso atender bem?

- O que eu desejo realmente fazer, e em qual trabalho eu acredito?
- Em que tipo de profissão ou negócio estou disposto a passar anos, senão o resto de minha vida?
- Isso é algo de que o mundo necessita?
- É uma contribuição importante, essencial, indispensável?

A missão pessoal e profissional atende a quatro objetivos distintos: (1) **faz com que você concentre esforços numa única direção**; (2) **amplia o sentido de vocação**; (3) **realça os pontos fortes da empresa e das pessoas**; (4) **estimula o sentido de realização**.

Encontrar uma missão compatível com as habilidades e competências pessoais sem associá-la ao ganho financeiro será o seu maior desafio. Com tanta propaganda enganosa no seu ouvido dizendo o tempo todo que você deve escolher o que dá mais dinheiro, é natural que deseje escolher profissões ou negócios mais rentáveis.

Quando se trata de missão pessoal, sugiro que escolha três qualidades e três valores. Na prática, as suas habilidades específicas – **qualidades mais fortes** – gerarão os valores mais importantes – **coisas que você valoriza na vida pessoal e profissional**. Ao reunir as qualidades mais fortes e os valores mais importantes, sua missão poderia ser algo parecido com os exemplos a seguir:

MISSÃO PESSOAL

- Através da criatividade, do trabalho em equipe e da solidariedade, gerar mais valor para a sociedade, autonomia pessoal e contribuição para um mundo melhor.
- Através de conhecimento especializado, criatividade e compartilhamento de ideias, despertar o potencial existente nas pessoas para uma vida mais rica e desafiadora.

DICA IMPORTANTE: O que você será no futuro? **Encontre sua visão de futuro.** O que você precisa fazer para chegar lá? **Encontre sua missão de vida.** Quando as duas estiverem alinhadas, você não se desgrudará dos seus objetivos nem das suas metas.

2.5 Como saber se você está no caminho certo?

No início não temos como saber, mas na medida em que as coisas vão progredindo você acaba descobrindo. É preciso ter em mente que toda escolha tem um tempo mínimo de maturação, quer seja uma profissão, quer seja um negócio por conta própria.

A capacidade de adaptação do ser humano é incrível em todas as áreas do conhecimento humano. O que nos preocupa é o fato de que, por comodidade, falta de ambição ou mesmo necessidade, muitos jovens se agarram ao primeiro emprego que aparece ou, então, alimentam a falsa ilusão de que um concurso público resolverá os seus problemas.

Esse é um erro que muitos pais, na ânsia de querer o melhor para os filhos, acabam cometendo. O discurso é o mesmo há décadas: estude para passar num concurso, não seja bobo, assim fica garantido para o resto da vida, além de outros conselhos menos edificantes.

Nada contra o serviço público, mas nossa recomendação será sempre a de que consiga pensar por si mesmo ainda que deseje ser aprovado em concursos públicos. Abraçar um caminho escolhido por outras pessoas pode custar a sua qualidade de vida, um bem precioso nos dias de hoje.

Se isso acontecer, você sobreviverá, quem sabe até levará uma vida confortável e se aposentará bem, mas para se realizar na vida pessoal e profissional é preciso mais. Isso não era muito claro no passado, entretanto, em plena era da informação e da tecnologia, é possível escolher o caminho com mais critério.

> **Que fique bem claro**: ninguém jamais encontra a felicidade trabalhando apenas pelo dinheiro. Quanto mais você nega a importância de apostar em uma carreira que lhe traga contentamento, mais se acostuma com a infelicidade e se esquece como é ser feliz. Essa situação deve ser evitada, do contrário, você não terá a oportunidade de encontrar em sua vida um propósito verdadeiro.
>
> ERNIE J. ZELINSKI

Repetimos algumas palavras-chave com frequência para que, durante a leitura, consiga aproximar-se cada vez mais do seu objetivo. Se você conquistasse a independência financeira neste exato momento, estaria disposto a trabalhar durante mais alguns anos?

Talvez sim, mas com dinheiro no bolso, provavelmente, você seria capaz de dedicar-se de corpo e alma a algo que fizesse sentido. Em outras palavras, a motivação e o empenho aumentam quando o objetivo principal leva em conta o amor pelo trabalho e a realização, não apenas dinheiro e *status*.

Uma das coisas que você pode fazer para saber se está no caminho certo é conviver com profissionais com quem deseja se parecer. Imagine que você aspire ser um empresário bem-sucedido no ramo de alimentação em 2025, conforme descrevi alguns parágrafos atrás.

Se você escolheu montar uma rede de pizzarias, por exemplo, lembre-se de que comida é uma necessidade básica do ser humano, portanto, não existe a menor chance de o mercado de alimentação acabar. Existem dezenas ou centenas de pizzarias na sua cidade, mas quantas fornecem a pizza que você gosta?

A partir dessa constatação, é possível fixar uma ideia na cabeça: montar a melhor rede de pizzarias da cidade. A pizza do jeito que você gosta! Está lançada a ideia. Você começa a pesquisar sobre pizza todos os dias, a estudar a origem da pizza, a visitar diferentes pizzarias, a avaliar o sistema de entrega de pizzas da sua cidade, a conversar com donos de pizzaria, a testar diferentes sabores e assim por diante. Sua dedicação é tanta que você respira pizza, dorme sonhando com pizza e acorda pensando em pizza.

Da mesma forma, imagine que esteja assistindo *Mãos Talentosas*, com o ator norte-americano Cuba Gooding Jr. no papel principal. O filme conta a história do Dr. Ben Carson, neurocirurgião negro que alcançou fama internacional por seu desempenho numa bem-sucedida separação de gêmeos siameses, unidos pela parte posterior da cabeça.

Uma das cenas mais emocionantes do filme diz respeito ao momento da cirurgia, considerando que a separação dos gêmeos exigiu em torno de cinco meses de preparativos e vinte e duas horas na mesa de operação. Era considerada uma cirurgia de alto risco, complexa e delicada.

Além do brilhante papel do ator principal e da atriz que interpretou a mãe do Dr. Carson, o filme descreve uma história profundamente humana mostrando a importância do papel da mãe, uma senhora pouco letrada, mas inteligente ao extremo para transformar um menino de rua, rebelde pela sua própria condição, num dos neurocirurgiões mais respeitados do mundo.

O que isso tem a ver com você? Durante o filme, diversos *insights* vão surgindo. Não há como deixar de relacionar a história de Ben Carson com a história de muitos profissionais bem-sucedidos que conhecemos. Se você tem uma forte propensão a ser médico, por exemplo, mas está indeciso, esse filme consolidará definitivamente o seu desejo de se tornar um. **É na infância e na adolescência que os sonhos nascem. Na vida adulta, os sonhos se realizam.**

A questão não é simplesmente montar uma pizzaria nem se tornar um médico neurocirurgião, mas fazer algo diferente ou se tornar uma referência na sua profissão. Apesar dos milhares de profissionais existentes no mercado, conta-se nos dedos aqueles que se destacam. Quantas pizzarias boas você conhece? Quantos neurocirurgiões bons você conhece? Quantos professores marcaram a sua vida de maneira positiva?

Conviver com pessoas que você admira ou com pessoas com quem quer se parecer ajuda muito. Se o seu objetivo é ter sucesso na profissão escolhida, você precisa se aproximar de pessoas bem-sucedidas na profissão. Ao criar uma referência, cria também uma espécie de âncora, um exemplo a ser seguido.

Como fazer isso? Prepare uma lista de pessoas com as quais convive todos os dias: membros da família, da sua religião, colegas de escola, vizinhos, parentes, amigos e assim por diante; da mesma forma, faça uma lista das pessoas famosas – artistas, esportistas, políticos, empresários, etc. –, expostas na mídia com frequência. Ao lado de cada nome, coloque um sinal de mais (+) se você a admira e a considera uma pessoa positiva, ou um sinal de menos (-) se a considera uma pessoa negativa ou um mau exemplo, conforme segue:

PESSOAS DO MEU CÍRCULO DE RELACIONAMENTO	+/-	PESSOAS FAMOSAS COM EXPOSIÇÃO NA MÍDIA	+/-

Ao descrever e analisar cada pessoa da sua lista é possível que exista um padrão. Você pode descobrir que está cercado de pessoas negativas ou que as pessoas que tanto admira na televisão, nas revistas e na sociedade em geral possuem valores e princípios completamente diferentes dos seus.

Em relação às pessoas negativas, tente reduzir ao máximo a convivência com elas para não ser influenciado. Pessoas assim estão sempre reclamando, culpando os outros, espalhando boatos, roubando seus sonhos e empurrando você para baixo. Neste caso, quanto mais longe, melhor.

Em relação às pessoas positivas e otimistas, aproxime-se delas o máximo que puder, adicione-as em sua rede social, estude sobre elas, avalie seus métodos de sucesso, faça contato, espelhe-se nelas sem perder a originalidade. Neste caso, quanto mais perto, melhor.

A partir do instante em que identificar a sua vocação, você precisa começar a praticar a sua qualidade mais importante, a **criatividade**, a não ser que deseje ser membro da máfia ou algo parecido, onde não é necessário ser tão criativo, apenas transgredir a lei.

Abraham Maslow, psicólogo criador da *hierarquia das necessidades*, dizia que todo ser humano nasce criativo. Se nos descuidamos, a criatividade vai atrofiando e perdemos nossas características de criança curiosa que vive perguntando sobre isso e aquilo ou tentando descobrir o funcionamento das coisas.

> O homem criativo não é aquele sobre o qual se acrescentou algo, mas aquele do qual nada se tirou.
> ABRAHAM MASLOW

Alguns pesquisadores afirmam que a diferença entre **pessoas criativas** e não criativas é que as primeiras **têm consciência de sua habilidade natural** e ao longo da vida **utilizam essa criatividade em proveito próprio**. É o caso de muitos empreendedores, artistas, inventores, gênios, etc. Se este também é o seu caso, a única coisa que pode fazer é seguir o seu coração.

Como não existe botão para ligar ou desligar a criatividade, você está sempre pensando em algo novo. Por vezes, o problema é a falta de foco. Ao adquirir consciência do seu potencial criativo, as coisas que você deseja acontecem de maneira natural, pois a mente criativa valoriza a qualidade de vida.

O que é mesmo esse negócio de foco? Para quem deseja se tornar bem-sucedido no mundo dos negócios, foco é uma qualidade indispensável.

Quando pensar em foco, pense em aperfeiçoamento, concentração, disciplina, persistência e maestria.

Foco, portanto, é a qualidade de quem descobre a **verdadeira vocação e concentra todos os esforços para se tornar o melhor naquilo que faz**. É a qualidade de quem não perde suas metas e objetivos de vista, de quem sabe exatamente o que precisa fazer para chegar onde quer chegar.

Ser um *expert* na vida e no trabalho exige esforço adicional de sua parte. Para entender melhor o conceito de foco, compartilhamos a seguir as cinco diretrizes definidas por George Leonard, autor do livro *Maestria: As Chaves do Sucesso e da Realização Pessoal*.

Essas diretrizes se aplicam a qualquer profissão, portanto, leia e releia com atenção. Isso o ajudará a descobrir se você está no caminho da maestria ou se precisa redefinir seus objetivos. Assim, será mais fácil agora do que em 2040, quando estiver com 40 ou 50 anos de idade. A energia dos primeiros anos é para ser utilizada de maneira inteligente.

O CAMINHO DA MAESTRIA

1. **Tome consciência de como funciona a homeostase**: espere resistência e coice. Se você começou algo errado, somente você poderá decidir e mudar, mas não se deixe levar pelo pânico, tampouco desista ao primeiro sinal de apuro. O erro faz parte do processo. Estamos aqui para errar e aprender.
2. **Esteja disposto a negociar com sua resistência à mudança**: se tiver que mudar, mude, não tem problema. Talvez seja necessário dar um passo para trás toda vez que der dois para frente e vice-versa. Você nunca sabe de onde virá a resistência, mas prepare-se para ela e disponha-se a negociar com quem quer que seja.
3. **Desenvolva um bom sistema de apoio**: você pode fazer tudo sozinho, mas será bem mais fácil apegar-se a pessoas que já passaram por algo semelhante, pessoas com quem você possa dividir as suas próprias histórias e ouvir as delas.
4. **Siga uma prática regular**: a prática é simplesmente um hábito, e toda prática regular fornece uma espécie de homeostase fundamental, uma base estável durante a instabilidade da mudança.
5. **Dedique-se à aprendizagem a vida inteira**: o aprendizado é muito mais do que aprender nos livros; aprender é mudar, e o aprendiz que nunca se cansa de aprender é essencialmente alguém que aprendeu a lidar com a homeostase, simplesmente porque o faz o tempo todo.

Como se pode ver, ferramentas não faltam para desenvolver um sistema de apoio. Se eu tivesse tudo isso desde a infância, a vida teria sido muito diferente, mas isso não muda o passado. O importante é olhar para frente considerando que o futuro resulta das suas ações no presente, lembra?

Não existe a menor dúvida de que alguém pode ter um talento especial para números, música ou para literatura, mas nada disso poderá torná-lo feliz se não for possível colocar esse talento em prática. É necessário refiná-lo e cultivá-lo todos os dias desafiando a si mesmo e desenvolvendo técnicas adequadas para explorar o talento de maneira correta.

De fato, você precisa colocar a cabeça para trabalhar, mais do que o seu próprio corpo. Os diferentes tipos de inteligência vão ajudá-lo a encontrar o seu próprio **elemento-chave**, ou seja, uma atividade singular que fará os seus olhos brilharem.

Nas palavras de Ken Robinson, ao descobrir o quanto **você é notável, raro e com uma capacidade incomum de aprender e dominar as mais complexas formas de arte**, não titubeará mais, portanto, o mundo se curvará à sua disposição. Se não existisse nada além das inteligências verbal e matemática, a sutileza do balé jamais teria sido criada.

> A maior derrota é perceber a distância entre o que você poderia se tornar e o que se tornou de fato.
>
> AshLey Montagu

A vida pode ser considerada um processo de aprendizado constante, portanto, faça de conta que está adiantado em termos de conhecimento, de forma que você já sabe o quão importante é o planejamento pessoal e profissional. Legal, mas como fazer isso?

Apresentamos a seguir a sua mais nova ferramenta de planejamento com os passos mais importantes para ajudá-lo a definir o seu objetivo de vida. Avalie como e onde você se encaixa em tudo isso. Faça os ajustes que julgar necessários e converse com seus pais, amigos e professores. Se necessário, envie-nos um e-mail para esclarecer as dúvidas, mas não deixe de tentar. E o mais importante de tudo isso, mantenha o foco no alvo principal e nunca se distancie da sua visão e da sua missão.

MODELO DE PROCESSO DE PLANEJAMENTO PESSOAL E PROFISSIONAL

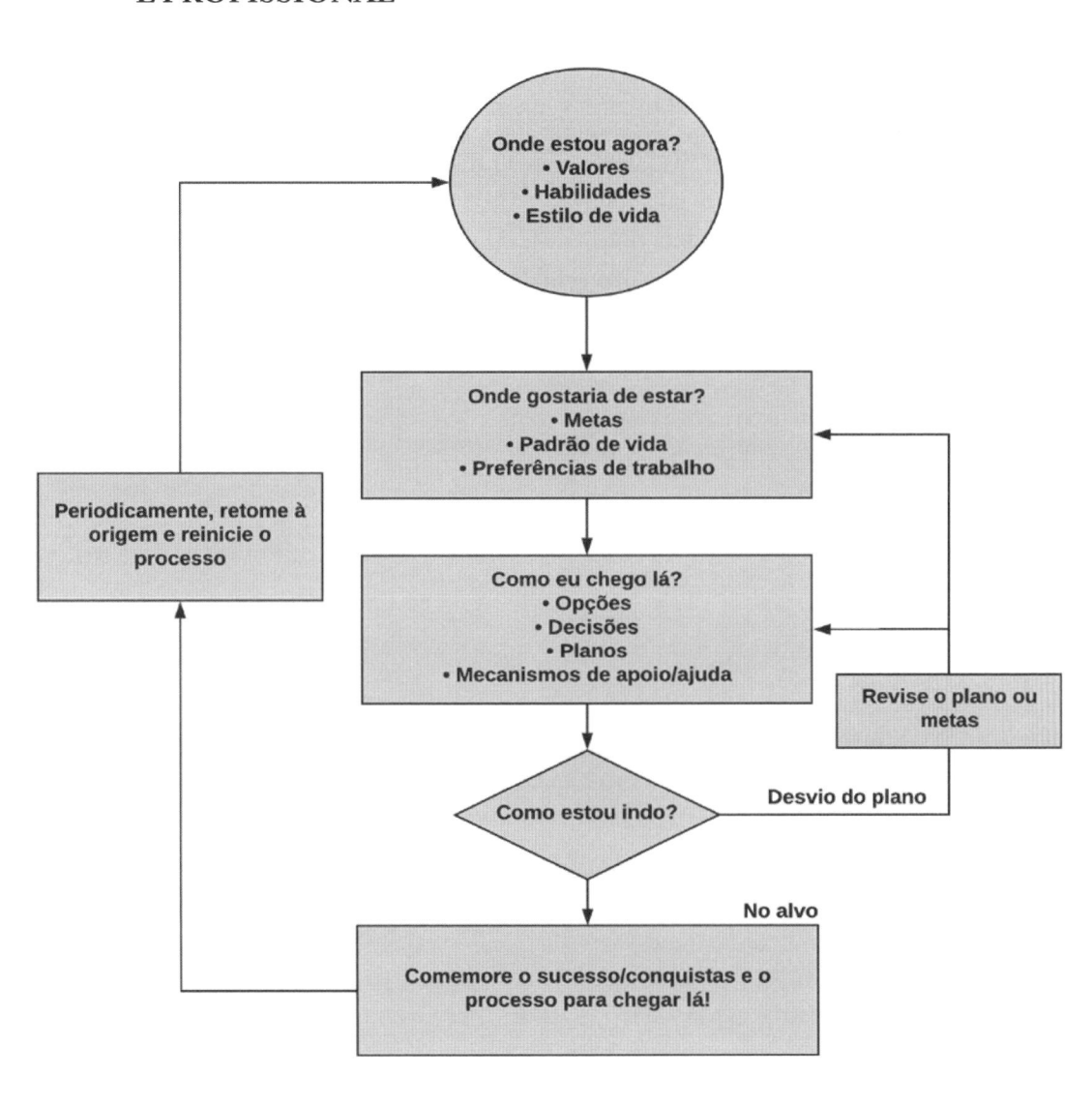

Onde estou agora?
- Valores
- Habilidades
- Estilo de vida

Onde gostaria de estar?
- Metas
- Padrão de vida
- Preferências de trabalho

Como eu chego lá?
- Opções
- Decisões
- Planos
- Mecanismos de apoio/ajuda

Como estou indo?

Desvio do plano → **Revise o plano ou metas**

No alvo → **Comemore o sucesso/conquistas e o processo para chegar lá!**

Periodicamente, retome à origem e reinicie o processo

O mais estimulante de tudo isso é que a maioria das pessoas não se interessa por planejamento pessoal e profissional. Isso significa que, se você estiver disposto a **caminhar um quilômetro extra**, fazendo mais do que a concorrência faz, como diria Napoleon Hill, autor do *best-seller A Lei do Triunfo*, suas chances na vida e no mercado de trabalho serão maiores.

Descobrir o **elemento-chave** – aquilo que reúne a sua vocação e a sua paixão natural – é essencial para saber se está no caminho certo. Ao descobrir o caminho, nada poderá tirá-lo de lá. **O sucesso é bem mais simples do que as pessoas pensam, mas não vem de graça.**

3
O FASCINANTE UNIVERSO EMPREENDEDOR

Neste capítulo você aprenderá a:
- Entender o conceito, as bases e a essência do empreendedorismo;
- Descobrir as competências necessárias para empreender e alinhar as suas expectativas com as suas próprias competências;
- Avaliar as tendências e oportunidades para empreender nos próximos vinte anos;
- Valorizar a importância de uma ideia simples e descobrir como ela pode ou não ajudá-lo a atingir os seus objetivos de vida;
- Conhecer os benefícios e as adversidades que serão parte integrante da vida de todo empreendedor.

3.1 O que é mesmo esse negócio de empreendedorismo?

Durante a pesquisa realizada para escrever este livro, descobrimos mais de cem títulos relacionados aos temas "empreendedorismo" e "empreendedor", em língua portuguesa e também em outras línguas. Um assunto tão fascinante como esse merece milhares de estudos.

De diferentes formas e ângulos de percepção, vários autores relatam sua maneira de ver o assunto. Todas são válidas, pois, além de desmistificar a ideia de que alguns nascem predestinados a se tornar empreendedores, demonstram que é possível se tornar **empreendedor em qualquer fase da vida**.

A prática empreendedora existe desde os primórdios da civilização humana, mas a maneira como a entendemos hoje é recente. Na língua francesa, por exemplo, o uso das palavras "empresário" e "empresa" e também do verbo "empreender" data do século XIV. Na língua inglesa, os conceitos seguiram uma evolução parecida no mesmo período.

Entre os séculos XVI e XVII, o "empresário", tal como conhecemos hoje, era visto como uma pessoa que se entregava à especulação, portanto, não era bem visto perante a sociedade, o que o tornava um indivíduo pouco recomendável para aproximação e negócios.

A partir do século XVIII, o sentido da palavra "empresário" tornou-se geral e passou a descrever o conceito de "aquele que empreende alguma coisa" ou, mais simplesmente, uma pessoa muito ativa que realiza diversas coisas ao mesmo tempo.

Na Idade Média, os empresários também participavam ativamente do desenvolvimento das artes. Leonardo Da Vinci, por exemplo, trabalhava como aprendiz, ao final do século XV, na oficina do mestre Andrea Del Verrocchio, proprietário de um *atelier* de artes que acolhia amigos e aprendizes em troca de trabalho e moradia.

O trabalho dos artistas, em geral, era realizado sob encomenda dos ricos notáveis, dos reis e rainhas e das igrejas. Naquela época, quando o consumo e a produção de massa eram mínimos, quase inexistentes, a inovação era muito importante. Para satisfazer a exigência dos nobres, o artista era induzido a inovar em cada obra e a disseminar o conhecimento. Ainda hoje, **a inovação é a alma e a maior vantagem competitiva das empresas líderes de mercado**.

O primeiro a identificar o termo na literatura econômica e a associá-lo aos negócios, na primeira década do século XVIII, foi o investidor irlandês Richard Cantillon, associando o termo "*entrepreneur*" ao indivíduo inovador, aquele que assume ou corre riscos.

Por volta de 1800, o termo "empreendedor" foi cunhado e utilizado na abordagem empresarial pelo economista francês Jean-Baptiste Say para identificar a pessoa que detinha a capacidade de transferir recursos econômicos de uma área de baixa produtividade para uma área onde os mesmos recursos pudessem oferecer maior rentabilidade.

O objetivo de Say era diferenciar essa pessoa das demais que não tinham tal capacidade e que não apresentavam diferença significativa no desempenho econômico de suas atividades. Ele foi mais além e considerou o desenvolvimento econômico como resultado da criação de novos empreendimentos. Isso é muito claro na economia do mundo globalizado. **Quanto mais empreendimentos sólidos, mais prosperidade econômica**.

Uma das definições mais citadas em livros de empreendedorismo é a de Joseph Schumpeter, um apaixonado pelo assunto. Schumpeter associou o conceito ao processo de **inovação tecnológica** e **criatividade**. Para ele, "o empreendedor é aquele que destrói a ordem econômica existente pela introdução de novos produtos e serviços, pela criação de novas formas de organização ou pela exploração de novos recursos e materiais".

A definição é simples. Tente imaginar o que Schumpeter quis dizer: o que significa destruir a ordem econômica? Enxergar as coisas sob um novo ângulo? O que significam novas formas de organização? Fazer as coisas com mais eficiência?

Exploração de novos recursos e materiais não é basicamente aquilo que você faz quando invade a cozinha da sua mãe para fazer um bolo ou algo parecido para levar à festa da escola? Ou quando desmonta os aparelhos eletrônicos que ganha de presente para descobrir como funcionam?

Para encerrar o resgate teórico do empreendedorismo, vale lembrar uma das abordagens defendidas por Peter Drucker, um dos maiores estudiosos do assunto no século passado. Segundo Drucker, "**empreendedores procuram por mudanças**, portanto, você deve olhar para cada janela perguntando-se: '**Isso poderia ser uma oportunidade?**'". Não perca algo somente porque não faz parte de seu planejamento ou ainda porque seus pais acham melhor você procurar emprego. "**O inesperado é frequentemente a melhor fonte de inovação**".

Na sequência, discorreremos sobre o entendimento atual dos termos *empreendedor* e *empreendedorismo*. Desde que as primeiras pesquisas coordenadas pelo GEM (Global Entrepreneurship Monitor) foram iniciadas em 1999, o assunto ganhou projeção mundial.

Atualmente, é possível comprovar a seguinte afirmação de Drucker: o **empreendedorismo é um comportamento e não um traço de personalidade, e suas bases são o conceito e a teoria, e não a intuição**.

Nós também somos apaixonados pelo assunto e um tanto suspeitos para mencionar o quanto acreditamos nos jovens que fazem do **empreendedorismo** uma **vocação** e um **propósito de vida**. A essência e a prática do empreendedorismo consistem no seguinte:

A NATUREZA DO EMPREENDEDORISMO

1. **O empreendedorismo é o processo dinâmico de criar mais riqueza.** A riqueza é criada por empresários ou empreendedores que assumem os principais riscos em termos de patrimônio, tempo e comprometimento com a carreira, ou que agregam valor para algum produto ou serviço. O produto ou serviço pode ou não ser novo e único, mas o valor deve ser infundido pelo empreendedor ao receber e localizar as habilidades e os recursos necessários.

2. **Somos todos empreendedores.** Pergunte aos seus pais se, quando você nasceu, o médico o segurou pelos pés e, depois daquela tradicional palmadinha nas nádegas, bradou em voz alta: "Parabéns, mamãe! Nasceu mais um empreendedor!". É impossível que isso aconteça, mas é possível que as pessoas sejam estimuladas ou condicionadas a adquirir e colocar em prática características únicas e singulares que diferenciam os empreendedores das demais pessoas no mundo dos negócios.

3. **Empreendedores são seres comuns.** Dessa forma, estão sujeitos a erros, acertos, alegrias, tristezas, críticas, elogios, comparações, decepções, inveja e perseguição. Não importa o quanto tenham conseguido amealhar em determinado período de tempo, empreendedores são criativos, dinâmicos, perspicazes, otimistas em todos os sentidos; seus projetos de vida não têm como fracassar.

4. **Empreendedores assimilam conceitos sem ter tomado conhecimento deles.** O conceito está no sangue, na essência, na determinação, no modo de ver as coisas, na sua incrível capacidade de transformar obstáculos em grandes oportunidades.

5. **Empreendedores são agentes da inovação.** Como dizia Schumpeter, são indivíduos (são pessoas, não instituições, não governos, não partidos) movidos pelo "sonho e pela vontade de fundar um reino particular".

6. **Empreendedores movem o mundo.** Eles fazem girar a economia, sentem prazer em contribuir e inovar. São movidos por realizações de toda ordem e não medem esforços para alcançar seus objetivos. Indiferente aos resultados, e crendo que resultados surgem por consequência, empreendedores são realizadores.

7. **Empreendedores não podem ser compreendidos.** São frutos do acaso, da vontade de inovar e tornar o mundo melhor, do verdadeiro sentido de realização e do compartilhamento. Pense em Steve Jobs, em Dean Kamen e em Bill Gates: todo mundo admira e ninguém compreende.

8. **Empreendedores são movidos por um forte sentido de realização.** Isso deverá lhe conferir reconhecimento perante o público e lhe servirá de combustível o tempo todo para a superação constante de desafios.

9. **Empreendedores veem a riqueza como consequência e não como meio.** Seu objetivo primeiro está no uso de habilidades e da inteligência, na vontade de contribuir, na esperança de ser reconhecido como alguém que ultrapassou barreiras em busca do desconhecido para o bem da humanidade, não apenas para ganhar dinheiro.

> **10. Empreendedores preferem o risco na independência à escravidão na segurança.**
> Eles são livres para voar, portanto, não alimentam preocupação com a segurança. Suas ferramentas são a criatividade, a ousadia, o otimismo. Seu terreno é o mundo, um simples cubículo, uma garagem ou o fundo do quintal, qualquer lugar onde eles possam dar vazão à criação, à liberdade de ideias e pensamentos.

Por tudo isso e muito mais, você deve começar cedo. No mundo de hoje, a única certeza visível é a mudança, portanto, como empreendedor, muito mais do que entender o conceito, é necessário **estar preparado para correr riscos e assumir compromissos** desde o primeiro momento.

O empreendedorismo é composto por inúmeros fatores e, como já foi comprovado mediante pesquisas, cada empreendedor apresenta certa dose ou percentual de cada um desses fatores dentro de si. Nenhum deles é completo. Existem muitas variações em cada perfil e, de uma forma ou de outra, os que obtêm sucesso apresentam características singulares.

Será que você possui essas características? Acredito que sim, mas isso será visto no próximo tópico – o das **competências essenciais** –, onde você será capaz de identificar por si mesmo suas características empreendedoras.

Quanto maior a **cultura empreendedora** de um país, maior a taxa de criação de novos empregos, maior o número de empresas e maior o crescimento econômico, ou seja, maior a prosperidade. Por se tratar de um fenômeno social e cultural, existem famílias, cidades, regiões e também países mais empreendedores que outros.

Por que admiramos países como os Estados Unidos, Dinamarca, Japão, Finlândia, Suécia, Canadá, Austrália, entre outros? Você já notou quanta gente quer ir para lá fazer intercâmbio ou tentar a sorte em qualquer profissão? Quantas pessoas deixam o Brasil depois de investir quatro ou cinco anos num curso superior e se mudam para outros países a fim de trabalhar como entregadores de pizza, lavadores de pratos e outras funções menos gratificantes do que aquelas que o diploma deveria lhes conceder por direito?

Existem várias respostas para cada pergunta, mas vamos nos ater a uma questão apenas: a consciência empreendedora nesses países é muito maior do que a nossa, portanto, o investimento dos governos também. Nos Estados Unidos, por exemplo, onde o índice de pobreza não é tão pequeno quanto se imagina, qualquer pequeno empreendimento bem trabalhado sustenta uma família. Além do mais, as oportunidades lá estão disponíveis para todos.

Em nossa opinião, a **educação empreendedora começa dentro de casa**. Valores como autonomia, independência, capacidade de gerar a própria renda, liberdade para inovar e gerar riqueza, capacidade de assumir riscos e de crescer em ambientes instáveis são típicos de pessoas que crescem por si mesmas e nunca dependerão dos pais, das políticas governamentais e do emprego formal.

> **Você sabia que...**
>
> 1. O Brasil conta com aproximadamente 60 milhões de empreendedores?
> 2. Nem todos são gênios, afortunados, famosos e independentes?
> 3. A maioria deles passa por inúmeros fracassos e adversidades até atingirem a maturidade nos negócios?
> 4. Muitos dependem de investidores, pais, sócios, amigos ou mesmo de bancos para conseguir sobreviver?
> 5. Muitos trocam o emprego seguro pelo risco nos negócios para realizar o sonho de se tornar empreendedores de sucesso?
> 6. As mulheres são a grande maioria dos empreendedores no Brasil?

3.2 Quais são as competências necessárias para empreender?

Antes de tratarmos das competências imprescindíveis para quem deseja prosperar no mundo dos negócios, vamos desvendar alguns mitos criados sobre o assunto. Os mitos bloqueiam a iniciativa de muitas pessoas sem que elas se deem conta, portanto, comece a ignorá-los.

Embora seja necessário cautela antes e depois da criação de qualquer empreendimento, algumas ideias nunca sairão do papel se os mitos forem levados tão a sério. **O segredo do sucesso também está na sua capacidade de enxergar as oportunidades em vez dos obstáculos.**

Apesar da consciência que se deve ter em relação às dificuldades ou adversidades inerentes aos negócios, saiba que todos os mitos já foram quebrados por alguém em determinado lugar do planeta, caso contrário, não teríamos coisas maravilhosas à nossa disposição como aparelhos celulares, redes sociais, iPod, LED, Skype, internet e tantas outras tecnologias que beneficiam a sociedade moderna em todas as áreas do conhecimento.

PRINCIPAIS MITOS SOBRE EMPREENDEDORISMO

1. **O mito da grande ideia.** Esperar por uma grande ideia pode ser uma péssima ideia. Em seu livro *Feitas para Durar*, James Collins e Jerry Porras concluíram que, das cem empresas de sucesso pesquisadas, apenas três começaram com um produto ou serviço específico, inovador e altamente bem-sucedido, ou seja, a "grande ideia": Johnson & Johnson, a General Electric e a Ford. As demais passaram por inúmeros percalços até conseguir encontrar a sua verdadeira vocação.
2. **O mito da genialidade.** Você pode ser um gênio em física, química ou matemática, mas isso não garante que se torne um grande empreendedor. Para isso, existem habilidades e competências mais importantes ou imprescindíveis. A capacidade de resiliência e o uso da inteligência alheia podem ser mais efetivos do que o uso da sua própria inteligência.
3. **O mito da boa sorte.** Não existe esse negócio de sorte. O que existe de fato são oportunidades que aparecem diariamente na nossa vida para as quais, geralmente, estamos ou não preparados. Quando as oportunidades aparecem, alguns enxergam mais longe e aproveitam, outros não querem colocar em risco o que conseguiram até o momento.
4. **O mito do capital inicial.** Sem dinheiro também é possível começar um negócio, portanto, o que vale é ter em mente que o seu produto ou serviço pode agregar valor à sociedade. Se não fosse assim, a Apple e a Microsoft nunca teriam saído do papel, mas, depois de criadas, alguém olhou para elas com o interesse necessário para investir.
5. **Todos nascem empreendedores.** É praticamente impossível que isso aconteça. O empreendedorismo depende de inúmeros fatores, entretanto, alguns nascem com características e habilidades que, bem trabalhadas, são favoráveis à criação de novos negócios.
6. **O mito dos apostadores.** Não é bem assim. Nem todos os empreendedores correm riscos altíssimos. Na realidade, a maioria evita riscos desnecessários, divide o risco em riscos menores e corre riscos calculados. O empreendedor consciente aceita o risco e aposta nisso, cercando-se de fatos e dados consistentes que possam reduzir o risco assumido.
7. **O mito da independência.** Isso pode ser verdade num primeiro momento e durar um tempo, mas, à medida que o negócio decola, nenhum empreendedor consegue sobreviver se não estiver cercado de pessoas competentes para ajudá-lo a dividir as tarefas de acordo com as habilidades específicas para cada área. Empreendedores precisam prestar contas para muitas pessoas: empregados, sócios, familiares, fornecedores e a sociedade em geral.
8. **O mito do grande líder.** Da mesma forma que o mencionado no item 1, Collins e Porras concluíram que nem todos os empreendedores de sucesso são grandes líderes. Soichiro Honda, por exemplo, era um péssimo líder, mas sua determinação em criar um negócio de sucesso superou essa deficiência e fez surgir a motocicleta mais famosa do mundo.

Não se apavore! Você ainda tem tempo pela frente e, diferentemente do que aconteceu em nossa geração, tem a internet e amplo conhecimento à disposição, portanto, pesquisar e recorrer a milhares de sites, livros, indicadores e histórias de sucesso que vão ajudá-lo a construir algo próspero e inovador não será um problema. Tudo o que os demais já sofreram pode ser evitado.

Bem mais do que uma ideia inovadora ou original, você precisa de tal consciência empreendedora. O dinheiro ajuda. A família também. Otimismo nem se fala, mas **a consciência empreendedora é o combustível necessário para manter o objetivo em mente e o esforço necessário para empreender.**

Depois de trinta anos convivendo com empresas e empreendedores de todos os tipos e tamanhos, fica mais fácil identificar as competências necessárias para se conceber um negócio sólido e duradouro.

Identificar não significa absorver ou transferir, entretanto, para alguns empreendedores, a vontade de progredir é tanta que, mesmo sem qualquer capital inicial, estudo e planejamento, a única saída é a prosperidade, ainda que isso custe alguns anos e muitos fios de cabelo. Apesar de tudo, **nada é mais compensador do que o sabor da vitória sobre uma causa que parecia perdida.**

Para que isso lhe sirva de orientação e inspiração, existem algumas características fundamentais para quem deseja trilhar o caminho dos negócios por conta própria. Essas características estão presentes em maior ou menor proporção em cada indivíduo, dependendo da sua história de vida, da sua cultura, da sua biologia e da sua linguagem.

Isso é o que Daniel Goleman, Ph.D., chama de **Inteligência Emocional**. Se souber aplicá-la de maneira eficiente no seu dia a dia, terá mais chances de se tornar um empreendedor de sucesso. Algumas características são imprescindíveis e não há como fugir delas, portanto, ou você tem ou você adquire por hábito. Vejamos as principais:

CARACTERÍSTICAS ESSENCIAIS DOS EMPREENDEDORES

1. **Autoconfiança**: acreditar em si mesmo e nas possibilidades do negócio é a maior das virtudes. Jovens empreendedores são mais arrojados nesse sentido e procuram se aperfeiçoar. Quanto maior o nível de conhecimento sobre o assunto, maior o nível de autoconfiança.
2. **Disciplina**: sem disciplina ninguém vai a lugar algum. Os metódicos, os sistemáticos, os disciplinados realizam as coisas de maneira mais consistente e duradoura. Eles são chamados de chatos, loucos, intransigentes, mas o fato é que eles não se contentam com a mediocridade. A disciplina é a mãe do aperfeiçoamento.
3. **Foco**: empreendedores não titubeiam nem ficam pulando de galho em galho tentando acertar o alvo mais fácil. Eles mantêm o foco nos negócios e concentram toda a sua energia naquilo em que realmente acreditam.
4. **Liderança**: estabelecer metas, definir prioridades, determinar e manter padrões são tarefas essenciais ao líder; portanto, como líder, você deverá ter a capacidade de influenciar pessoas para trabalharem de maneira entusiástica e inspirar confiança para proporcionar segurança e atingir objetivos.
5. **Integridade:** é a correspondência entre os seus valores e a sua conduta. Nada é mais desanimador e inseguro do que dizer uma coisa e fazer outra. Integridade é uma característica fundamental para quem deseja adquirir credibilidade nos negócios.
6. **Otimismo:** a base do otimismo é a convicção e a autoconfiança, entretanto, ser otimista não significa ser irresponsável, mas ser positivo em relação aos obstáculos e às oportunidades.
7. **Paixão pelo que faz:** tem a ver com a sua vocação, o que você gosta de fazer (ainda que tenha sido algo aprendido, não importa). Quando você gosta do que faz, a sua dedicação é tanta que o sucesso é a única saída.
8. **Persistência**: o erro faz parte do aprendizado, portanto, em qualquer negócio você errará. O sucesso é construído de pequenos erros e acertos todos os dias. Quanto mais cedo você errar, mas fácil de corrigir a rota.
9. **Responsabilidade**: ser responsável significa saber assumir as consequências dos seus atos. Se o negócio não der certo e você quebrar ou falir, lembre-se de que isso tem um impacto na sociedade e você será punido. Mas o que vale a partir disso é a certeza de que você pode dar a volta por cima e honrar os seus compromissos perante clientes, fornecedores, empregados e sociedade.
10. **Visão**: pés no chão, cabeça nas estrelas. Já ouviu falar disso? Não se apresse. Tenha fé no futuro, na vida, na família, nos negócios. Tenha fé em você mesmo. A maioria dos empreendedores de sucesso visualizam os negócios para cinco, dez ou vinte anos à frente do seu tempo, e isso faz toda a diferença.

Essas são as características essenciais para quem deseja ter sucesso no mundo dos negócios. Algumas são natas, outras podem ser adquiridas ao longo da vida na medida em que o empreendedor vai crescendo e aprendendo.

Com relação às competências é diferente. Você precisa adquiri-las de alguma forma, seja por instrução, leitura ou conversa com pessoas que já dominaram o assunto. **Competência é uma habilidade**, algo em que você demonstra ser bom de fato para enfrentar a concorrência e se destacar.

Na prática, é possível adquiri-las ou contratar alguém que as possua e saiba utilizá-las a seu favor. Assim fez Akio Morita, da Sony, Bill Gates, da Microsoft, Silvio Santos, do SBT e Steve Jobs, da Apple. Você não é um polvo, portanto, precisa contratar tentáculos no mercado para crescer e manter o controle da situação.

Todas as competências são válidas. De uma forma ou de outra, todas contribuem para a melhoria das pessoas, dos produtos e dos serviços, entretanto, algumas são imprescindíveis para os negócios. Vejamos:

COMPETÊNCIAS IMPRESCINDÍVEIS PARA JOVENS EMPREENDEDORES

1. **Saber aprender**: aprender é a única coisa que a mente nunca se cansa, nunca tem medo e nunca se arrepende, dizia Leonardo da Vinci. Nos negócios, a vontade de aprender é fundamental. Quanto maior o domínio das coisas que dizem respeito ao seu negócio, maiores as chances de sucesso. Embora você tenha uma vida inteira pela frente, o aprendizado será uma constante até o fim.
2. **Saber ensinar**: empreendedores devem voltar a sua mente mais para a estratégia do que para a operação. A operação é importante, mas pensar nas possibilidades do negócio é mais ainda. Para isso, você precisa de bons colaboradores e excelentes sócios, não apenas para dividir a responsabilidade, mas para ter tempo de pensar e ensinar as coisas como você realmente deseja que aconteçam.
3. **Saber se relacionar**: quanto mais pessoas você conhece, maior a possibilidade de realizar negócios com elas e de ser indicado para novos negócios. Pode ser Linkedin, Facebook, Twitter, Slideshare; não importa o meio. Saber se relacionar é uma arte e quanto mais cedo você exercitar, mais rápido você fará contatos e crescerá.
4. **Saber persuadir:** como você estará em contato permanente com os clientes, sócios, parceiros e colaboradores, procure dominar a arte da comunicação verbal e escrita. Saiba exprimir suas ideias de forma clara e objetiva, caso contrário, ninguém vai querer fazer negócios com alguém que não sabe se comunicar.
5. **Saber resolver problemas**: não transfira, não reclame, não deixe para o dia seguinte o que você pode fazer hoje. Isso vale para a vida pessoal e profissional. Enquanto você reclama, alguém está resolvendo problemas. Quanto mais problemas você resolver, maior a chance de colocar as coisas nos trilhos e prosperar. Cada problema é uma possibilidade de crescimento, portanto, faça alguma coisa.
6. **Saber se posicionar**: o mercado de hoje é altamente competitivo e segmentado. Nas palavras de Al Ries e Jack Trout, estudiosos do assunto, quando você quer ser tudo para todos, acaba não sendo nada; portanto, defina sua área de atuação e sua missão, e o seu empreendimento certamente se tornará uma referência no mercado.
7. **Saber tomar decisões**: empreendedor ou empregado? Médico ou advogado? Frango ou carne bovina? Administração ou Economia? Algumas escolhas, assim como as consequências, são fundamentais, difíceis e, por vezes, definitivas. Entretanto, não há como se livrar das escolhas, nem é possível acertar cem por cento das decisões. Utilize a intuição e o senso de justiça, mas não deixe de decidir. As decisões movem o mundo.
8. **Saber recuar**: a ambição é uma grande inimiga. Embora você deva começar pequeno, pensar grande e crescer rápido, não hesite em recuar quando necessário. Em negócios de qualquer natureza, costuma-se dizer que crescer dói. Se a ambição for maior do que a sabedoria, você pode pôr tudo a perder. Às vezes é necessário dar um passo para trás para dar dois passos para frente mais adiante, com a cabeça fria e as coisas mais organizadas em mente.

Para reforçar nossa teoria, recorremos aos estudos realizados por A. Ibrahim e J. Goldwin, publicados no periódico *American Journal of Small Business* (1986). Eles identificaram três fatores importantes para o sucesso das empresas, segundo a visão de donos de negócios.

1. Em primeiro lugar, estão os **valores** associados à pessoa do empreendedor, ou seja, as **virtudes** que são características fundamentais de quem quer iniciar seu próprio negócio.
2. Em segundo lugar, estão as **habilidades gerenciais**, que incluem estratégias de nicho, gerenciamento do fluxo de caixa, um sistema orçamentário simples, mas eficiente, experiência anterior, educação e cultura organizacional simples.
3. Por fim, estão as **habilidades pessoais**, que incluem um bom relacionamento com um representante de crédito, boas relações com clientes e boas relações com os empregados.

3.3 Onde estão as oportunidades?

O mundo é uma fonte inesgotável de ideias e oportunidades. Se você dispõe de internet e consulta regularmente alguns sites de negócios, se deparará com chamadas, reportagens e exemplos reais todos os dias. São empreendedores de várias culturas, cores, idades, países e religiões que se destacam por colocar em prática ideias simples que facilitam a vida das pessoas e tornam o mundo melhor para se viver.

Já pensou numa ideia mais simples do que o clipe? Até ser inventado ninguém precisava dele. Depois de lançado no mercado, ninguém mais consegue viver sem o precioso acessório, seja para unir folhas de papel, brincar de fazer corrente ou mesmo para coçar o ouvido. Quando há um clipe por perto, provavelmente está na mão de alguém. Hoje existem vários modelos, tamanhos e formatos, mas alguém se dispôs a colocar a cabeça para funcionar e encontrar uma finalidade para o produto antes de ser concebido.

Em seu livro *Oportunidades Disfarçadas*, Carlos Domingos menciona centenas de exemplos de invenções criadas a partir de ideias concebidas por pessoas simples que enxergaram os problemas de outra maneira e encontraram uma solução para eles. Vejamos alguns:

Na década de 1970, a indústria de relógios suíça não conseguia competir com os preços dos produtos asiáticos. Sem alternativas, decidiu fabricar relógios mais baratos, de plástico. Surgia então o Swatch.
Seus devedores não pagam você alegando falta de dinheiro? Pense em outras formas de receber o débito. Em 1948, um empresário no Brasil aceitou receber como pagamento de uma dívida uma máquina de fazer esponjas de aço. Com ela, fundou a Bombril.
Suas vendas em domicílio não param de cair? Nos anos 1930, um vendedor em domicílio em Nova Iorque viveu um problema parecido. Como não conseguia vender suas enciclopédias, decidiu oferecer um perfume como brinde. O perfume fez tanto sucesso que ele decidiu esquecer os livros e vender somente os perfumes. Foi assim que surgiu a Avon.
No começo da década de 1970, um executivo da Sony imaginou que as pessoas gostariam de ouvir música caminhando. Como o rádio era muito pesado para isso, ele decidiu criar um rádio portátil. O homem era Akio Morita e sua invenção era o *walkman*.
Um funcionário da Henkel, atento ao problema da empresa, pensava numa maneira de produzir cola em estado sólido, enquanto esperava sua esposa se vestir. Quando ouviu a esposa dizer "só falta passar o batom", ele teve um estalo e foi correndo contar ao chefe sua ideia de produzir cola em bastão. Estava criada a cola Pritt.
Uma dona de casa, insatisfeita com o coador de pano, resolveu improvisar um de papel. Foi assim que dona Mellita criou o coador descartável.

Antes de prosseguir, vamos identificar os fatores que caracterizam uma oportunidade. Como saber se uma ideia ou um problema qualquer representa uma oportunidade de negócio? A resposta para essa questão é fundamental para quem deseja empreender.

Problemas são fontes geradoras de oportunidades, afinal, para cada problema existe uma ou mais soluções. Para encontrar a solução ideal, você precisa dedicar-se a pensar com frequência. A habilidade de se concentrar na solução em vez de se concentrar no problema tem valor inestimável tanto na vida pessoal como nos negócios.

> **O ROLLS-ROYCE E SUA *SPIRIT OF ECSTASY***
>
> Na década de 1950, o inglês Lord de Montagu, ao receber seu Rolls-Royce feito à mão, notou a falta de uma mascote imponente para o carro mais caro da época. Reclamou para a fábrica, mas não lhe deram ouvidos.
>
> Apaixonado por sua linda secretária, Eleonor Thorton, encomendou ao famoso escultor Charles Sykes uma escultura que representasse sua amada sentindo o vento e a "música" do motor daquele fantástico automóvel. Assim foi concebida a escultura *Spirit of Ecstasy*, utilizada até hoje pela fabricante Rolls-Royce para enfeitar seus carros.

Em 1947, os Laboratórios Bell anunciaram ao mundo a invenção do transistor, um componente que viria a substituir a válvula de vácuo, especialmente na linha eletrônica de consumo, como o rádio e a televisão. De acordo com Peter Drucker, os fabricantes norte-americanos sabiam disso, mas não deram importância, pois acreditavam que o transistor teria uso somente por volta de 1970.

Na época, a Sony era praticamente desconhecida fora do Japão. Fundada em 1946 por Masaru Ibuka e Akio Morita com o nome de TTK (Tokyo Tshushin Kyogu), a empresa surgiu com um empréstimo de 530 dólares. Em 1953, Morita leu sobre o transistor nos jornais e viajou para os Estados Unidos a fim de adquirir uma licença de uso dos Laboratórios Bell por apenas 25 mil dólares, quantia ridícula considerando o resultado obtido mais adiante.

Dois anos depois, a Sony lançou o primeiro rádio transistorizado, o modelo TR-55, em quantidade limitada e com produção restrita ao Japão. O rádio pesava menos de um quinto dos rádios com válvulas comparáveis existentes no mercado e custava menos de um terço do preço dos concorrentes. Três anos depois, a Sony dominava o mercado de rádios de baixo custo nos Estados Unidos e, cinco anos mais tarde, os japoneses dominavam o mercado mundial de rádios.

Em geral, **as oportunidades surgem de uma nova maneira de resolver um problema ou determinada situação.** As necessidades também podem gerar soluções por meio da criatividade. Ao se concentrar nas soluções e não nos problemas, há muito mais chance de encontrar aquilo que se denomina "nicho", ou seja, um mercado que ainda não foi criado e para o qual ninguém pensou nem está preparado para atender.

Antes de pensar em oportunidades, pense na solução. **Com a solução em mente, as oportunidades se abrem.** Empresas públicas e privadas, organizações não governamentais, cidades, países inteiros, seja qual for o tamanho do mercado, todos estão em busca de ideias para solucionar todos os tipos de problemas.

Como os problemas são fontes geradoras de oportunidades, as respostas para algumas questões essenciais poderão levá-lo a pensar em algo que ninguém pensou. Procure praticar o seguinte raciocínio:

- Ao deparar-se com o problema, pense na solução, ainda que ela não dependa exclusivamente de você.
- Ao encontrar a solução, avalie se é possível adotá-la para resolver os problemas de maneira generalizada, ou seja, se a solução beneficia um grande número de pessoas.
- Se a solução resolve o problema de um grande número de pessoas, existe a possibilidade de se ganhar dinheiro com ela.
- Se existe a possibilidade de ganhar dinheiro com a solução, por que não transformá-la em projeto ou plano de negócio? Veremos isso mais adiante.
- Se for possível transformá-la em projeto ou plano de negócio, torna-se mais fácil apresentá-la a um investidor que possa interessar-se pela sua execução.
- Se um investidor se interessar pelo projeto, o que você tem a perder com isso? Ninguém consegue nada sozinho e sempre há investidores de olho nas boas ideias.
- Se não há nada a perder, o que você está fazendo que ainda não arranjou um bom amigo ou um futuro sócio para ajudá-lo a colocar tudo isso em prática?

Simples, não é mesmo? Não é tão simples assim, entretanto, quanto mais você pratica, mais soluções você cria. Pense na mente criativa do inventor que está sempre procurando algo diferente e inovador para colocar em prática e, de alguma forma, ganhar dinheiro com isso.

Nunca saberemos de onde virá a próxima ideia ou oportunidade se não concentrarmos esforços para encontrá-la. Isso é um pouco cultural, sabia?

Lembre-se de quantas pessoas ao seu redor não fazem outra coisa na vida senão reclamar em vez de buscar uma solução para os problemas dos quais parecem não querer se livrar mais.

Em novembro de 2010, a revista *Exame PME* (Pequenas e Médias Empresas) publicou em seu *site* uma reportagem bem interessante com o título de "Pequenos Notáveis – 10 empreendedores mirins que deram certo". São histórias de crianças e adolescentes que, antes mesmo de deixar o ensino fundamental, criaram seus próprios negócios, baseados em necessidades reais. Vejamos alguns exemplos:

Joseph Hudicka: pequeno gênio da computação

Entediado com seus brinquedos antigos, o pequeno Joseph Hudicka encontrou a solução: criar seus próprios jogos eletrônicos. Com apenas 8 anos de idade, ele já lançou dois aplicativos para o iPhone. Puckz, versão eletrônica de um jogo de tabuleiro misturando elementos de xadrez e hóquei no gelo que o garoto desenvolveu três anos antes, estreou na App Store em março deste ano. Em seguida, o desenvolvedor mirim criou Goalz, inspirado no futebol. Até junho deste ano, ele já tinha vendido mais de 800 cópias dos seus aplicativos e faturado cerca de 500 dólares.

Leanna Archer: cabelos saudáveis

Leanna Archer começou seu negócio de produtos naturais para cabelo aos 9 anos de idade, utilizando uma receita familiar. "As pessoas viviam elogiando o meu cabelo e logo notei que era por causa da pomada caseira que eu usava", conta a jovem em seu site. Hoje, aos 13 anos de idade, ela é a CEO da Leanna's Inc., que produz e vende xampus, condicionadores e cremes para cabelos. Os pedidos são embrulhados e despachados pela própria Leanna, todos os dias, após terminar a lição de casa. A empresa recebe mais de 350 pedidos por semana e faturou 100 mil dólares em 2007.

Suhas Gopinath: império *on-line*

Nascido em Bangalore, na Índia, Suhas Gopinath teve que ir para os Estados Unidos para criar seu negócio porque as leis indianas impediam menores de abrir empresas. Aos 14 anos de idade, criou o site CoolHindustan.com e fundou a Globals Inc., que hoje emprega 400 pessoas em onze escritórios espalhados pelo mundo. Gopinath, com 21 anos, foi eleito "Jovem Líder Global" de 2008-2009 pelo Fórum Econômico Mundial de Davos, posição na qual se envolveu em programas de desenvolvimento em diferentes regiões do globo.

Fonte: http://exame.abril.com.br/pme/noticias/10-empreendedores-mirins-de-sucesso?p=8#link. Acesso em: 17 set. 2019.

Como pudemos perceber, não importa a idade, o sexo, a cor, a religião ou a nacionalidade. Importa é o que as pessoas conseguem fazer com as dificuldades que surgem na sua vida. Qualquer um pode empreender a partir de ideias simples, desde que faça alguma diferença no ambiente ao seu redor e beneficie milhares de pessoas. Sabe da maior? Eles continuam empreendendo. Uma vez empreendedor...

Algum dia você ainda lerá ou ouvirá falar a respeito de Peter Drucker, um dos gurus mais respeitados da administração moderna. Além de ser apaixonado por empreendedorismo e inovação, Drucker tinha uma ampla visão de como seria a administração e os negócios muito antes de as coisas evoluírem.

Ao mencionar as ideias e oportunidades em seus livros, ele nunca deixava de enfatizar o risco que todo empreendedor deve correr para colocar a sua ideia em prática. São as escolhas que todas as pessoas devem fazer para conquistar o que desejam no campo pessoal e profissional.

Você pode ter muitas ideias, mas, se não tiver oportunidades e não correr riscos, elas jamais sairão da sua cabeça, portanto, transcrevemos aqui uma passagem do livro *Inovação e Espírito Empreendedor* para que nunca mais ignore as ideias que surgem na sua vida e que podem revolucionar a forma como as coisas são feitas e utilizadas.

> Ideias são como bebês: nascem pequenas, imaturas, sem forma. São mais promessas do que realização. Por isso, o executivo da organização inovadora não diz: "Que ideia fantástica!". Ele pergunta: "O que é preciso fazer para transformar essa ideia em uma oportunidade?". O executivo da organização inovadora sabe que muitas ideias acabam mostrando-se sem sentido e que é preciso correr riscos para converter uma pequena ideia em uma grande inovação.
>
> **PETER DRUCKER**

Se deseja tornar-se empreendedor, não deixe as ideias morrerem. Cultive-as com o mesmo zelo do jardineiro apaixonado pelo seu jardim. **São as ideias, transformadas em oportunidades, que movimentam a economia, criam milhares de empregos e elevam a prosperidade de um país.**

As oportunidades estão nas tendências de consumo, nas reclamações dos consumidores, nos péssimos atendimentos, nas dificuldades, na melhoria dos processos, nas coisas simples que ninguém pensou ainda. Quando olhar para uma dificuldade, em vez de perguntar "por quê?", tente perguntar "por que não?". Sua mente conspirará imediatamente a seu favor em busca de uma solução.

3.4 O que isso tem a ver com você?

Levamos quase um ano e meio para publicar este livro, entre planejar, escrever, revisar, ilustrar, obter aprovação, editar, assinar contrato, imprimir, distribuir e colocar à venda nas livrarias. Em síntese, dedicamos em torno de 1% da nossa vida para dividir um pouco de conhecimento com os jovens que queremos ver empreendedores daqui a cinco, dez ou vinte anos.

Talvez você esteja pensando: "Um ano e meio para escrever um livro?". Isso mesmo. Existem autores que levam cinco anos, outros dez, e alguns décadas para terminar uma obra-prima, portanto, isso também vale para os empreendedores. É o caso do britânico J. R. R. Tolkien, que dedicou mais de vinte anos à sua obra mais importante, *O Senhor dos Anéis*.

Fazer algo bem feito leva tempo e demanda planejamento, portanto, fuja da tentação de relaxar e dizer que ainda tem tempo para pensar no futuro. Quem quer colher frutos saudáveis precisa semear, adubar, regar, corrigir o solo e podar os galhos, quando necessário. Isso não se faz da noite para o dia. Leva uma estação inteira.

Vamos pensar um pouco no seu caso. Não fazemos ideia de quantos anos você tem, mas levando em conta a história de milhares de pessoas que já cruzaram o nosso caminho, permita-nos traçar um paralelo entre a sua vida e a dos demais.

Talvez você tenha nascido em uma família abastada, talvez não. Talvez tenha estudado em escola pública, talvez não. Talvez nunca tenha passado dificuldades na vida, talvez sim. Talvez você tenha pessoas ao redor para ajudá-lo a montar um empreendimento, talvez não possa contar com ninguém e tenha de se virar por conta própria. Talvez alguém tenha lhe convencido a estudar medicina e você esteja pensando seriamente nisso, mas o que deseja de fato é ser um estilista de sucesso. Assim como aconteceu com os autores no passado, quando você é jovem está sempre à mercê da pressão e do pensamento alheio, pois todo mundo fica lhe dizendo o que fazer.

Não importa o estágio em que se encontra, a sua escolaridade, tampouco a situação financeira. Encontrar o seu verdadeiro propósito de vida requer esforços que dependem exclusivamente da sua maneira de encarar os problemas. É muito fácil ser influenciado.

Em 1986, depois de se formar em engenharia elétrica e em ciência da computação na Universidade de Princeton, a mesma onde Albert Einstein foi professor e desenvolveu suas teorias, Jeffrey Bezos, criador da Amazon, foi trabalhar na Fitel, uma empresa *startup* de alta tecnologia em Nova Iorque.

Com 22 anos de idade, Bezos construiu uma rede de computadores para comunicações financeiras. Depois de trabalhar na Fitel, Bezos mudou-se para o Bankers Trust, tornando-se o seu presidente mais jovem, em 1990. Em seguida, passou para a D.E. Shaw & Co., recomendado por um dos sócios que o indicou da seguinte forma: "Algum dia ainda vai ganhar muito dinheiro para alguém".

Na empresa, Bezos se autodenominava uma "espécie de profissional empreendedor que faz biscates", pelo fato de procurar oportunidades de negócios nas áreas de seguros, *softwares* e internet, segundo relato de Daniel Goleman, Ph.D., em seu livro *Grandes Empreendedores*.

Certo dia, ao navegar pela internet, Bezos deparou-se com um dado significativo que despertou o seu propósito de vida. De acordo com as estatísticas de consumo na época, a internet crescia em torno de 2300% ao ano e então ele percebeu que o comércio eletrônico seria a próxima etapa natural decorrente dessa evolução. Como perito em informática e profundo conhecedor das manhas de Wall Street, centro financeiro dos Estados Unidos, Bezos demonstrou-se propenso a tirar vantagem da situação.

Determinado a fazer fortuna por conta própria, Bezos compilou uma lista de vinte produtos apropriados para venda *online*, a qual incluía CDs, revistas, livros, *softwares* e *hardwares* para computadores. Posteriormente, a lista foi reduzida a dois itens – livros e música. Com a cabeça fervilhando e as infinitas possibilidades de êxito mediante a existência de 1,3 milhão de livros publicados e 300 mil títulos de músicas, Bezos demitiu-se do emprego e rumou para Seattle.

Na garagem de sua casa alugada, em Oregon, Seattle, Bezos e mais três funcionários ligaram os computadores e começaram a elaborar os programas para a nova empresa que recebeu o nome de Amazon, em homenagem ao rio mais extenso do mundo. Em julho de 1995, a Amazon.com estreava na internet como pioneira do comércio eletrônico, tornando-se o carro-chefe da Nova Economia e "com a missão de utilizar a internet para transformar a compra de livros em uma experiência mais rápida, fácil e agradável possível".

Jeff, como é conhecido, criou um dos sites de comércio eletrônico mais populares da internet, o qual gera milhões de dólares em faturamento e emprega milhares de pessoas. Ele poderia ter ficado muito bem como presidente do Bankers Trust em Wall Street e galgado degraus ainda maiores em outros bancos, mas o seu espírito empreendedor falou mais alto.

O que isso tem a ver com a sua vida? Assim como Bezos, você poderá se formar um dia e tornar-se um profissional de sucesso no mercado de trabalho, seja qual for o curso que deseja fazer. Se for isso o que realmente quer, vá em frente. É uma atitude bastante louvável de sua parte e será motivo de orgulho para toda a família.

Por outro lado, se não se sente muito à vontade com os estudos, mas a ideia de ser empreendedor não sai da sua cabeça, há um sinal claro de como e para onde deve caminhar. Entretanto, não vá correndo dizer a seus pais que os autores deste livro o aconselharam a abandonar os estudos para fazer o que bem entende. A coisa não é bem assim.

O que queremos afirmar, com toda nossa experiência, é que é possível se dar bem em qualquer área que escolher, desde que isso lhe traga felicidade em todos os sentidos. Não significa que deve parar de estudar. Em qualquer profissão ou negócio, o estudo será cada vez mais útil e requisitado.

Quando estiver diante de uma ideia promissora e ao mesmo tempo de uma oportunidade para colocá-la em prática, não deixe que isso lhe escape pelo vão dos dedos, como se dizia no nosso tempo. Agarre-a como se fosse a única alternativa na vida e não hesite em adiar os estudos, temporariamente, de forma planejada, a fim de abrir o seu próprio caminho para o futuro.

Será que sou realmente empreendedor? Essa pergunta foi feita para Jack Welch, ex-presidente da GE, por um consultor residente em Joanesburgo, África do Sul, que sonhava em constituir o próprio negócio e queria saber se preenchia as condições para se tornar um empreendedor de verdade.

A questão foi respondida por ele com outras quatro perguntas que você também poderá responder para saber até que ponto está realmente decidido a levar sua ideia adiante. Pense com carinho, coloque no papel, discuta uma por uma abertamente com seus pais e não tenha medo de ser sincero nas respostas, afinal, o seu futuro está em jogo.

EMPREENDEDORISMO SEGUNDO JACK WELCH

Você tem alguma grande ideia que torne seus produtos e serviços irresistíveis, de maneira inimitável por nenhum concorrente?

Os verdadeiros empreendedores não só apresentam ao mercado uma proposta de valor singular, mas também se apaixonam por suas ideias. Além de acreditar com todas as suas forças que realmente descobriram a coisa mais importante do planeta depois da gravidade, também estão convencidos de que agora só resta vendê-la a um vasto mundo ansioso por desfrutar de seus grandes benefícios.

Você consegue ouvir "não" várias vezes e continuar sorrindo?

Os empreendedores passam boa parte de seu tempo pedindo e, às vezes, implorando dinheiro a capitalistas de risco, a banqueiros e a outros investidores. A reação quase sempre é um não contundente. Ninguém gosta de ser rejeitado, mas os empreendedores têm jogo de cintura suficiente para não desanimar com as negativas. Os melhores e os mais brilhantes ainda se sentem energizados pela experiência; cada recusa apenas os incita a vender suas ideias com mais energia.

Você odeia a incerteza?

Em caso positivo, interrompa sua leitura aqui. Os empreendedores passam mais tempo em becos sem saída do que gatos de rua, à caça de dólares, de novas tecnologias ou de novos conceitos em serviços, para não mencionar tudo o mais de que necessitam para construir um negócio. Quando não estão em becos sem saída, navegam em barcos desorientados, à deriva em mares tempestuosos – ou, em linguagem mais direta, geralmente estão sem dinheiro e ainda apostam no desconhecido. Mas, se você for empreendedor, tudo isso, na verdade, é uma grande diversão.

Sua personalidade é capaz de atrair pessoas brilhantes, dispostas a partir em busca do sonho, ao seu lado?

De início, evidentemente, talvez tenha que se empenhar sozinho, como empreendedor. No entanto, depois de alcançar algum sucesso, você precisará contratar pessoas muito capazes, às quais não poderá pagar grandes salários. Para tanto, precisará do talento de fazer com que as pessoas, tanto quanto você, amem seus sonhos. Você precisa da capacidade de converter funcionários e colegas em crentes dogmáticos.

Somos professores e não queremos desestimular ninguém a começar seu próprio negócio. Ao contrário, torcemos para que se sinta seguro a respeito do que fazer para não incorrer no mesmo erro de milhares de outros que ora querem ser empregados, ora querem ser patrões. Nas palavras de Jack Welch, o executivo que revolucionou a GE, há uma excelente recomendação. Pense bastante nisso antes de decidir o próximo passo.

> O mercado depende de empreendedores; eles são a seiva das economias saudáveis em todo o mundo, mas é bom saber que trabalhar por conta própria exige um afastamento radical de qualquer emprego que você tenha tido em empresas estabelecidas. Não vá adiante se essas incertezas o deixarem intranquilo, mas prossiga até o fim, caso se sinta empolgado com os riscos.
>
> JACK WELCH

3.5 O que você ganhará como empreendedor?

Em 1914, quando Shackleton tomou a difícil decisão de ser o primeiro homem a cruzar a Antártida a pé, muitos acreditavam que ele e sua equipe jamais voltariam vivos, tamanho risco e ambição demonstrados por seu projeto. O polêmico anúncio publicado no jornal não era nada estimulante, entretanto, a história se mostrou bem diferente.

Na época, Shackleton reuniu 27 homens com as mais diversas formações, habilidades, caracteres, temperamentos e ambições para sua nova empreitada. Era uma equipe que partiu com o objetivo de fazer história com seu pioneirismo e ficou conhecida para sempre por sua bravura, coragem, companheirismo, tenacidade e uma incrível vontade de sobreviver.

No mar de Weddel, no continente antártico, Shackleton e sua tripulação enfrentaram um clima extremamente hostil na baía de Vahsel, onde, em janeiro de 1915, uma grossa camada de gelo formou-se em torno do navio, aprisionando-o para sempre.

Com o inverno polar à frente, a expedição preparou-se para longos meses de espera até o verão, quando, presumidamente, retomariam a viagem, entretanto, o frio intenso da região e os ventos de mais de 150 quilômetros por hora mudaram dramaticamente o curso da aventura.

Enclausurados dentro do navio Endurance, a tripulação passava o tempo lendo, cantando, jogando baralho ou xadrez, exercitando-se nas planícies congeladas, brincando com os cães e até jogando futebol no gelo. Para piorar as coisas, o inverno glacial do polo deixou o navio quase quatro meses na mais completa escuridão.

Quando a situação se agravou, Shackleton partiu para buscar ajuda em sua heroica viagem de oitocentas milhas através do gelado Atlântico Sul, em um frágil barco a remo. Ao regressar à Inglaterra, em maio de 1917, Shackleton e seus homens foram recebidos como heróis. Haviam retornado em pleno curso da Primeira Guerra Mundial.

De 1914 a 1916, Ernest Shackleton e sua tripulação sobreviveram ao naufrágio de seu navio, esmagado pelo gelo da Antártida, distantes quase dois mil quilômetros da civilização, sem meios de comunicação ou esperança de socorro.

As temperaturas eram tão baixas que os homens chegavam a ouvir a água congelar. Tiveram que comer pinguins, cães e focas. O mais incrível é que todos os membros da tripulação sobreviveram, em boas condições físicas e em bom estado emocional, graças à capacidade de liderança de Shackleton.

Lembra-se do anúncio publicado por Shackleton? **Em caso de sucesso: honra e reconhecimento.** Embora não tenha conseguido atingir o objetivo maior, atravessar o continente gelado a pé, o esforço de Shackleton foi premiado e o seu nome ficou registrado na história. Poderiam ter morrido todos congelados, em meio ao gelo e às nevascas, a exemplo de Robert F. Scott, capitão da marinha britânica que, em 1911, não teve a mesma sorte e cujo corpo foi encontrado um ano depois por uma equipe de resgate.

Você já deve ter ouvido falar de Steve Jobs, um dos fundadores da Apple, uma das empresas de tecnologia mais admiradas do mundo. Sua história começa mesmo antes de ele nascer. Sua mãe biológica era uma jovem estudante universitária, solteira, que decidiu oferecê-lo à adoção. Ela fazia muita questão que os candidatos à adoção tivessem curso superior e deixou acertado para que ele fosse adotado, logo ao nascer, por um advogado e sua esposa.

Quando nasceu, o casal decidiu de última hora que queria uma menina e então, seus pais atuais, que estavam na fila de espera, receberam uma ligação no meio da noite com uma pergunta mágica: "Temos um bebê, um menino, que os pais querem doar; vocês querem adotá-lo?".

A resposta, obviamente, foi um sonoro "sim". Sua mãe biológica descobriu que a mãe adotiva não era formada e o pai tinha apenas o colegial, então, recusou-se a assinar os papéis finais de adoção e concordou somente alguns meses mais tarde quando Paul e Clara Jobs assumiram o compromisso de, algum dia, colocá-lo na faculdade.

Dezessete anos mais tarde, de fato, Steve Jobs entrou para a faculdade, mas, ingenuamente, escolheu uma tão cara quanto Stanford e, segundo ele mesmo, toda a poupança da família de classe operária estava indo para pagar os seus estudos.

Depois de seis meses, Jobs não via muito sentido nisso e não fazia a menor ideia do que gostaria de ser na vida. Decidiu então desistir do curso e confiar que, a partir dali, tudo daria certo.

Embora fosse assustador na época, foi uma das melhores decisões que tomou, segundo suas próprias palavras. Com a desistência, interrompeu as aulas obrigatórias que não o interessavam e passou a frequentar como ouvinte somente aquelas que interessavam, quando lhe permitiam.

Mas nem tudo era tão romântico quanto imaginamos. Steve não tinha quarto para dormir e dormia no chão no quarto de amigos. Durante as horas de folga, recolhia garrafas de Coca-Cola e devolvia, o que lhe dava em torno de cinco centavos por garrafa e com alguma economia comprava comida. Steve andava onze quilômetros, atravessando a cidade todo domingo à noite para conseguir ao menos uma boa refeição por semana no templo Hare Krishna.

Como não estudava oficialmente, Steve participava de palestras sobre produtos eletrônicos realizadas por executivos e técnicos da Hewlett-Packard (HP) e logo a seguir acabou conseguindo um vaga na empresa. Foi quando conheceu Stephen Gary Wozniak, um jovem gênio da engenharia, egresso da Universidade da Califórnia, o qual tinha por hábito inventar dispositivos eletrônicos.

Juntos, Jobs e Wozniak compareciam com frequência às reuniões do Homebrew Computer Club – Clube do Computador Feito em Casa –, onde os sócios eram, na maioria, tecnófilos, interessados em diodos, transistores e em dispositivos eletrônicos. Jobs era diferente. Sabia avaliar estilo, utilidade e capacidade de colocação no mercado. Seu discurso filosófico era convincente. Em pouco tempo, Jobs convenceu Wozniak a juntar-se a ele para construir um computador pessoal e assim nasceu o Apple I, primeiro computador projetado no quarto de Jobs, com o protótipo construído em sua garagem.

O Apple I foi comercializado em 1976 ao preço de US$ 666. Como membros da comunidade local de informática, ambos estavam bem posicionados para gerar interesse para a nova máquina. Em pouco tempo, as vendas do Apple I totalizaram US$ 774 mil. Animados com os resultados, os dois empreendedores já estavam trabalhando no Apple II.

O sucesso foi retumbante, não apenas pela concepção tecnológica do produto, mas, em grande parte, pela visão de *marketing* de Steve Jobs. Numa jogada de mestre, Jobs trouxe para a Apple o melhor profissional de relações públicas do Vale do Silício, Regis McKenna, o homem que popularizou o *marketing* de relacionamento, e em 1980 a Apple lançou ações na bolsa de valores.

A Apple foi concebida na garagem da casa dos pais de Steve Jobs quando ele tinha apenas vinte anos. Para que isso fosse possível, Steve e seu sócio venderam seus bens mais estimados: uma Kombi VW de Jobs e uma calculadora Hewlett-Packard de Wozniak, por um total de US$ 1.300, com o qual deram início ao negócio. Ambos trabalharam duro e em menos de dez anos a Apple havia deixado de ser apenas de dois amadores na garagem para se tornar uma companhia de US$ 2 bilhões, com mais de 4 mil funcionários.

À medida que a empresa foi crescendo, a Apple decidiu contratar um executivo de mercado para dirigi-la e, mais ou menos um ano depois, as visões de Jobs e a do profissional contratado começaram a divergir. Eles acabaram tendo uma briga, o que resultou na demissão de Jobs, por decisão da diretoria, que tomou partido do executivo.

Aos 30 anos, Jobs estava fora da empresa que ele mesmo fundou, por prepotência, arrogância, insegurança e uma personalidade difícil. Durante muitos meses, ele não soube o que fazer. Chegou a pensar em cair fora do Vale do Silício, mas aos poucos foi se reencontrando e decidiu recomeçar.

Durante os cinco anos seguintes, Jobs fundou uma nova empresa chamada NeXT e outra empresa chamada Pixar. A Pixar progrediu e criou o primeiro desenho animado do mundo feito em computador (Toy Story) e, atualmente, é o estúdio de animação mais bem-sucedido do planeta. Tempos depois, numa reviravolta sem tamanho, a Apple adquiriu a NeXT e Steve Jobs voltou para a empresa que havia ajudado a fundar.

De acordo com as palavras do próprio Jobs, ele descobriu cedo o que gostava de fazer na vida. "Eu tive sorte", disse ele em seu discurso memorável na cerimônia de graduação dos alunos do programa de MBA da Universidade de Stanford, em 12 de junho de 2005.

Steve Jobs popularizou o uso do computador e fez com que pessoas sem qualquer conhecimento de tecnologia utilizassem-no simplesmente apontando e clicando com o *mouse*. Com o lançamento do iMac, Jobs demonstrou mais uma vez que talento e imaginação são suficientes para transformar um simples mortal em um multimilionário. Qual era mesmo o anúncio publicado por Shackleton em um jornal inglês? "**Em caso de sucesso: honra e reconhecimento**".

4
APRENDENDO A EMPREENDER

Neste capítulo você aprenderá a:

- Trabalhar uma ideia e avaliar as alternativas quando a ideia surgir;
- Compreender melhor o significado e a aplicação de um plano de negócio;
- Estabelecer metas realistas para o seu negócio;
- Manter o foco no negócio a partir do *startup* das operações;
- Utilizar o *networking* como ferramenta de crescimento e desenvolvimento do seu negócio.

4.1 Surgiu uma ideia, e agora?

Como se pode imaginar, é aqui que o bicho pega. Vale a pena recorrer ao capítulo anterior a fim de relembrar algumas questões essenciais que devem ser respondidas para conseguir levar suas ideias adiante. Elas poderão levá-lo a pensar em algo que ninguém pensou.

Para transformar ideias em oportunidades e abrir novas possibilidades, às vezes você precisa ir além dos métodos e soluções comprovadas. Antes de tudo, é preciso **enxergar benefícios onde os demais enxergam somente prejuízos**, caso contrário, você não sairá do lugar.

Muito bem! Para ajudá-lo a trabalhar melhor as ideias não é necessário reinventar a roda, como se diz na gíria. Embora você deva fugir dos padrões e usar a mente criativa para encontrar a melhor forma de colocar ideias em prática, alguns estudiosos tiveram essa preocupação. Assim, não seja orgulhoso e procure utilizar o conhecimento a seu favor. **Ideias existem para serem aperfeiçoadas**.

Paul G. Stoltz e Erik Weihenmayer, autores do maravilhoso *best-seller* *As Vantagens da Adversidade*, dividiram o livro em sete capítulos diferentes, aos quais deram o nome de picos. É como se o leitor tivesse que se preparar para escalar sete montanhas diferentes. Cada capítulo do livro, ou cada pico, apresenta um ensinamento de como enfrentar as adversidades na vida, portanto, imagine cada pico como um desafio.

Para enriquecer este tópico, tomamos a liberdade de utilizar parte dos ensinamentos do quarto capítulo, ao qual foi dado o título de "Possibilidades Pioneiras". O que os autores dizem tem tudo a ver com o que você lerá a partir de agora. Transcrevemos a mensagem inicial para que possa absorver, discutir com os pais, amigos e professores e tirar a sua própria conclusão.

> Quantas vezes, no transcurso da sua vida, alguém lhe disse que alguma coisa que você queria fazer era impossível? Já reparou que são geralmente os seus companheiros de trabalho, amigos e entes queridos que tentam "pôr algum juízo na sua cabeça" cada vez que você inventa "um esquema maluco" para experimentar algo novo ou assumir algum risco que eles consideram uma insensatez? Sinta-se agradecido porque essas pessoas se preocupam com você e por isso tentam dissuadi-lo. Elas pensam que estão lhe fazendo um favor e talvez até estejam. Mas, e se...?

Como alertam os autores: "E se as pessoas que gostam de você estiverem erradas? E se a coisa que você sempre sonhou fazer for realmente possível? O que você sentiria se fosse o primeiro a realizá-la? E se, ao tornar possível aquilo que todos dizem ser impossível, você abrisse um mundo de oportunidades inteiramente novo, tanto para você quanto para a sua empresa e as pessoas à sua volta?".

Não seria ótimo se uma voz interior profunda e confiante lhe dissesse o melhor caminho a ser tomado? Isso acontece raramente, portanto, comece a pensar que, com as condições certas, as pessoas certas, os sistemas certos e as orientações certas, a ideia pode se tornar realidade.

Uma das incertezas mais comuns que nos desafia é quando tentamos algo novo que ainda não foi testado. O medo do desconhecido nos apavora, pois não estamos acostumados a escalar às cegas, mas o desejo de ir além é grande. Foi o que aconteceu com Ernest Shackleton, Steve Jobs e Steve Wozniak.

No caso dos empreendedores, dos pesquisadores e dos aventureiros em geral, esse medo existe, mas não é tão grande quanto o medo daqueles que passam a vida sem tentar algo novo. É o medo de descobrir que não é tão bom quanto seus pais dizem que você é, o medo de fazer papel de ridículo perante os amigos e os vizinhos, o medo de tropeçar e dar com a cara no chão.

Todos os medos são capazes de conspirar contra nós, fazendo-nos desistir antes mesmo de começar, portanto, a partir de agora, lembre-se dos pioneiros. Eles escreveram o nome na história, exatamente pelo fato de serem os primeiros a fazer algo que ninguém havia tentado. Lembre-se de Thomas Edison, inventor da lâmpada, e de Bill Gates, o jovem que passou quase dois anos e meio estudando linguagem de computadores das três às seis da manhã, único período em que o equipamento estava ocioso na Universidade de Washington.

Como pioneiros, eles avançaram pelo desconhecido, trabalhando horas a fio, desfazendo-se dos seus bens mais preciosos e apostando todas as suas fichas numa possibilidade remota de êxito, apesar de saber que não havia garantias de sucesso.

> A vida é um contínuo e interminável processo de avançar pelo desconhecido, sem nunca saber o que vamos encontrar. Estamos sempre tentando alcançar imensas possibilidades. Podem estar invisíveis, porém sentimos sua presença. E é através desse ir além que abrimos novas possibilidades e atingimos a grandeza de todos os dias.
>
> PAUL STOLTZ

Qualquer ideia pode ser colocada em prática. Vamos utilizar o **quarto pico, "Possibilidades Pioneiras",** para exemplificar e fundamentar a ideia que você tem em mente. Se ainda não tem, relaxe, concentre-se, determine-se a encontrá-la, seja otimista, persista. Assim que a ideia sugir, pegue caneta e papel e comece a descrevê-la de acordo com o roteiro sugerido pelos autores, adaptado a seguir para o fim que precisamos:

Primeira etapa – Escolha um *objetivo de valor* (uma ideia de valor)

- Motivação: por que você quer fazer isso?
- Forças: que habilidades ou recursos são necessários para colocá-lo em prática? E quanta força de vontade?
- Entusiasmo: qual o seu grau de empolgação com isso?

Segunda etapa – Projete sistemas personalizados utilizando os critérios PROPS

- **P**ortátil ou **P**ortável – pode ser levado para qualquer lugar.
- **R**eaplicável ou **R**eproduzível – pode ser recriado, reproduzido, ou ambos.
- **O**riginal – nunca foi feito antes (exatamente desse jeito).
- **P**essoal – adequado a você e seu estilo de vida (agradável).
- **S**imples – não é fácil, tampouco apresenta complexidades desnecessárias.

Terceira etapa – Pratique até alcançar a perfeição

- Quais são os critérios para uma solução eficaz?
- Onde e como você praticará a nova ideia (ou sistema)?
- O que você tentará primeiro?
- Como refinar sua solução?
- Onde ou como você pode experimentar?
- Quem pode lhe dar um *feedback* útil?
- Quando poderá começar?
- De quanto tempo ou dinheiro precisa para desenvolvê-lo?

Escreva sua história pioneira

- Que *objetivo de valor* – desafio máximo – você enfrentará a despeito das opiniões negativas até atingir o objetivo?
- Qual será o legado do seu avanço, depois de inaugurar essas possibilidades?
- Quem se beneficiará com sua ideia ou realização?

Uma ideia pode ser boa ou ruim, depende do que vem depois. Será que o esquema funciona? Tente, afinal, o que você tem a perder com isso? Com a prática, você pode se tornar um grande alquimista capaz de converter ideias simples em grandes oportunidades, mas lembre-se: nada vem de graça.

Erik Weihenmayer é considerado o principal atleta cego do mundo e o único deficiente visual em toda a história da humanidade a escalar os sete picos mais altos da Terra. Leve isso em consideração ao responder cada item do roteiro proposto pelos autores.

Quando se trata de empreender, somente ideias não bastam. O mundo está cheio de boas ideias que vagam sem destino e são desperdiçadas porque ninguém acredita nelas e seus idealizadores desistem no primeiro "não". Mais do que ter uma ideia, você precisa de iniciativa, esforço, otimismo e, na maioria dos casos, persistência para conseguir alguém que acredite no que está dizendo.

Com base em nossa experiência pessoal e profissional, elaboramos um pequeno roteiro que você poderá seguir para saber se a sua ideia tem boas chances de progredir, além do apresentado por Stoltz e Weihenmayer. É uma espécie de *checklist* que será muito útil se seguido quando as ideias surgirem. Estude-o com carinho e não tenha medo de pedir ajuda para a família. A sua motivação crescerá bastante.

CHECKLIST DA BOA IDEIA

Dicas para ampliar o seu nível de confiança na implementação de ideias empreendedoras

- Antes de apresentar uma ideia, estude-a com profundidade, avalie os prós e os contras e certifique-se de que ela é aplicável nos negócios.
- Aprofunde-se na ideia e demonstre conhecimento sobre o assunto; isso gerará confiança, uma virtude indispensável para quem se propõe a "dar a cara para bater".
- Não existe ideia perfeita nem ideia completamente descartável, entretanto, seja original, simples e criativo; tome cuidado para não reapresentar uma ideia que não é sua.
- Reflita sobre as questões que favorecem a aceitação de novas ideias: reduz custos? É inovadora? Aumenta o faturamento? Traz resultados em curto prazo? Melhora a vida das pessoas?
- Seja aberto a críticas, contribuições e mudanças na ideia original, caso contrário, é provável que ela continue armazenada na mente por muito tempo.

A grande questão é: funciona? Você saberá somente quando praticar, portanto, não desperdice seu tempo imaginando coisas. Vá além da imaginação, pois a **execução é uma das habilidades mais admiradas e valorizadas no mundo do empreendedorismo.** Inspire-se nas histórias de Bill Gates, Bill Joy, Paul Allen, Soichiro Honda, Steve Jobs e tantos outros que se mostraram mestres na arte da execução.

Tirar uma ideia do papel e colocá-la em prática é tarefa para pessoas determinadas a vencer na vida, não importa o tamanho do sacrifício. Se estiver pensando em como deixar a sua marca no mundo, comece a praticar tudo o que aprendeu até agora, caso contrário, você ficará apenas querendo.

Quando Antonio Stradivari fabricava manualmente seus violinos, violas e violoncelos, não ficava discutindo o tempo todo consigo mesmo: "Será que vai vender? Será que tem mercado? Será que vai dar certo? Será que as pessoas vão gostar?". Ele simplesmente acreditava na sua capacidade de criar instrumentos com exclusividade e perfeição, o que lhe valeu o título de fabricante "do violino mais perfeito e valioso do mundo – o Stradivarius".

Stradivari deixou ao mundo um legado de 540 violinos, 50 violoncelos, 12 violas e um mistério que jamais será solucionado. Roberto Álvarez del Blanco, pesquisador e autor de *Você: Marca Pessoal*, levanta o seguinte questionamento: qual o segredo que faz de um legítimo Stradivarius um Stradivarius, enquanto outros instrumentos são apenas violinos, violoncelos e violas comuns?

Antonio Stradivari faleceu em 1737, mas permanece vivo na memória mundial por seus instrumentos, seu som, seu legado, sua história rica e cheia de mistérios, como um verdadeiro mito da marca Stradivarius. Seu nome é sinal de um rendimento superior, de insuperável rigor, portanto, é mais do que uma simples marca: é uma experiência perfeita, segundo del Blanco.

Até a fase da adolescência você tem uma vantagem enorme sobre as demais pessoas. Sua mente ainda não está contaminada com as esquisitices dos adultos e a pressão da sociedade. Sua mente fervilha de ideias e pensamentos capazes de revolucionar o mundo.

Assim, quando as ideias surgirem do nada, seja disciplinado. Faça de cada ideia uma possibilidade. Se não for hora de aproveitá-las, guarde-as com carinho. Um dia você precisará delas.

4.2 O que é mesmo esse negócio de plano de negócio?

Quando éramos adolescentes, fazíamos pouca ideia da importância de planejar qualquer coisa na vida. Não sabíamos economizar, estudar com método, escolher a profissão, tampouco definir as etapas necessárias para conquistar uma posição melhor na empresa. Abrir um negócio por conta própria nem se fala.

De modo geral, a gente aprendia meio que por osmose, na base do grito e do susto, já que poucas pessoas, exceto nossos professores, tinham paciência de ensinar como se faz hoje nas escolas de negócios e nas universidades corporativas. No final, dava tudo certo, mas o sofrimento era grande e a velocidade de resposta nem sempre era a que se esperava.

O mundo evoluiu muito rápido nos últimos trinta anos. Hoje, temos livros nas mais diversas áreas do conhecimento, metodologia para tudo, faculdades e universidades espalhadas por todos os cantos e, se soubermos usar com sabedoria, ainda temos a internet à disposição. Isso significa que podemos errar menos, com base no conhecimento e na experiência alheia.

Com o objetivo de simplificar o entendimento, vamos rever os primeiros conceitos de planejamento, disponíveis na literatura de negócios. É importante entender a origem da palavra para definitivamente incorporá-la em seu vocabulário e ganhar consistência em suas ações.

> Planejamento é...
> - A definição de um futuro desejado e dos meios eficazes para alcançá-lo.
> - Algo que fazemos antes de agir, isto é, a tomada antecipada de decisões.
> - Um processo que se destina a produzir estados futuros desejados (resultados) que não devem ocorrer a menos que alguma coisa seja feita.
> - Um processo sem fim natural ou ponto final, não um ato.
>
> A necessidade de planejamento é tão óbvia e tão grande que é difícil para qualquer pessoa se opor a ela.

Se o planejamento é um processo sem ponto final, isso significa que mesmo tendo uma ideia clara do que pretende ser ou fazer ao longo da vida, o planejamento precisará ser revisado e adaptado com frequência. O mundo é dinâmico e muda de acordo com o desenvolvimento econômico e social de cada país. Como tudo na vida, precisamos repensar as escolhas de vez em quando.

Até o final do século XX, **a maioria das empresas quebrava por falta de planejamento**. Outros fatores também influenciavam: falta de capital de giro, falta de foco no negócio, carga tributária e desconhecimento do mercado, etc. Entretanto, a ausência de planejamento ainda é o principal fator a ser considerado.

O plano de negócio é uma derivação do planejamento estratégico usado pelas empresas a partir da década de 1960. No Brasil, essa valiosa ferramenta ganhou popularidade a partir da década de 1980 e início dos anos 1990, com a entrada das empresas multinacionais. Quanto mais cedo você entender a essência e as vantagens do plano de negócio, mais rápido vai querer praticá-lo.

O planejamento estratégico é mais utilizado por empresas de médio e grande porte, pois abrange um conjunto de fatores que podem ser aplicados somente quando a empresa atinge determinado ponto de maturidade. Já vimos a definição básica de planejamento. *Estratégico* vem de *estratégia*, assunto a ser explorado no próximo subcapítulo, mas vale a pena resgatar um conceito mais elaborado definido por um dos maiores estudiosos do assunto.

> **Planejamento estratégico** é um método gerencial que permite estabelecer a direção a ser seguida pela empresa, visando maior grau de interação com o ambiente.
> PHILIP KOTLER

O plano de negócio foi desenvolvido por especialistas para auxiliar o empreendedor a reduzir os riscos com relação ao negócio pretendido. Contém dados, cálculos e estratégias relevantes para fazer o negócio decolar. Pode ser descrito também como um conjunto de planos funcionais reunidos – *Marketing*, Financeiro, Operacional, Vendas, Estratégico, etc. –, os quais servirão de orientação para o início do empreendimento.

De maneira simples, trata-se de um roteiro para quem pretende iniciar, reformar ou ampliar um negócio. Ele proporciona uma avaliação prévia dos resultados esperados, reduzindo assim as possibilidades de desperdício de energia, de recursos e de esforços em um negócio inviável.

No mercado em geral, o plano de negócio pode ser lido por diferentes interessados: clientes, funcionários, investidores, agentes de financiamento, fornecedores, conselheiros e consultores para atender a propósitos específicos.

PARA QUE SERVE UM PLANO DE NEGÓCIO?
• Entender e estabelecer as diretrizes para o seu negócio.
• Gerenciar de forma eficaz a empresa e tomar decisões mais acertadas.
• Monitorar o dia a dia da empresa e realizar ajustes quando necessário.
• Obter financiamentos e recursos junto a bancos, governo, investidores, capitalistas de risco, etc.
• Identificar oportunidades e transformá-las em vantagem competitiva para a empresa.
• Estabelecer uma comunicação interna eficaz na empresa.
• Informar o público externo sobre as reais possibilidades do negócio: clientes, bancos, fornecedores, parceiros, investidores, associações, etc.

Socorro! Por onde eu começo? A etapa de desenvolvimento do plano de negócio pressupõe também planejamento. Um esboço inicial é aconselhável aos jovens empreendedores. Nesse sentido, há uma vasta literatura disponível com diferentes modelos para segmentos de negócio diferentes: comércio, serviços, indústria, terceiro setor, etc.

Vamos por partes. No seu caso é mais simples, porém é importante que você conheça as diversas finalidades do plano de negócio. Vamos por partes, pois o principal objetivo aqui é fazer com que você amadureça a ideia e pratique o básico antes dos seus concorrentes.

Na prática, o maior detalhamento possível das tarefas facilitará o seu trabalho. Existe uma quantidade razoável de modelos de planos de negócios disponíveis na internet, no Sebrae e nos livros dedicados ao assunto. Na medida em que o seu interesse pelo assunto cresce, não faltam instrumentos para ajudá-lo a colocar as ideias no papel.

O plano de negócio é uma das etapas do processo empreendedor, motivo pelo qual você deve pensar com carinho na execução. Antes disso, é necessário identificar e avaliar uma boa oportunidade, conforme visto no capítulo anterior. O planejamento deve consumir a maior parte do seu tempo até que o empreendimento decole.

O processo empreendedor compreende quatro etapas distintas que estão distribuídas em sequência, de acordo com o desenvolvimento do negócio. Todas são importantes e demandam tempo para serem compreendidas.

O PROCESSO EMPREENDEDOR

- Identificar e avaliar a oportunidade
- Desenvolver o plano de negócios
- Determinar e captar os recursos necessários
- Gerenciar a empresa criada

O que isso significa? Existe uma sequência lógica a ser seguida, embora muita gente ache isso bobagem. Você ouvirá coisas do tipo "que nada, vai com a cara e a coragem" ou "o importante é tentar". Isso não deixa de ser verdade, entretanto, quando pesquisar os índices de mortalidade das pequenas e médias empresas no Brasil e no mundo, você concordará comigo. Não dá para brincar com coisa séria, afinal, o seu futuro está em jogo.

A estrutura do plano de negócio é simples, mas a elaboração exige um pouco de trabalho. Isso pode ser a sua grande vantagem competitiva, pois, como futuro empreendedor, disposto a colocar a alma nesse negócio, será diferente dos seus amigos.

Assim como acontece no planejamento estratégico, **o plano de negócio é um processo que não termina nunca**. Como as mudanças econômicas são permanentes, a direção do plano pode mudar, mas isso não importa. O que vale é a sua dedicação a ele, ainda que a sua primeira versão leve seis meses ou um ano para ser montada. Colocar as ideias no papel é o primeiro passo para quem deseja trilhar o caminho da prosperidade. Não estou falando de sucesso. Isso é simples e pode durar apenas quinze minutos. **Prosperidade é para a vida toda**.

A seguir, apresentamos um roteiro básico que pode ser utilizado para elaborar o seu plano de negócio. Quando começar a "brincar" com ele, sua mente fervilhará, as possibilidades se abrirão e, como dizem os poetas, o universo conspirará a seu favor. Não ignore a importância do plano. Seja fiel aos seus propósitos e coloque a cabeça para funcionar.

ROTEIRO PARA ELABORAÇÃO DO PLANO DE NEGÓCIO

1. CAPA / FOLHA DE ROSTO

Trata-se da parte mais simples do plano. Deve contemplar: título do projeto, nome e endereço da empresa; nome do responsável pela execução; telefone para contato; local e data da conclusão.

2. SUMÁRIO EXECUTIVO

Trata-se de uma síntese do plano de negócio completo, contendo os principais pontos abordados em cada capítulo, os quais devem despertar o interesse inicial do investidor. É o último item a ser elaborado. Deve conter de duas a três páginas, no máximo.

3. O CONCEITO DO NEGÓCIO

Vale a pena investir tempo nesse item. Qualquer investidor precisa entender o que você realmente está querendo vender, portanto, utilize as perguntas-chave do planejamento e as coisas vão ficar mais claras: (1) Qual é o meu negócio? (2) Quem são os clientes que desejo focalizar? (3) O que pretendo fazer e por que serei único?

4. DESCRIÇÃO GERAL DA EMPRESA

Como será a empresa a partir do momento em que o negócio decolar. Deve contemplar os seguintes pontos: (1) diretrizes: visão, missão e valores; (2) estrutura legal e composição acionária (constituição, quem são e quanto cabe a cada sócio); (3) responsabilidade dos sócios e dirigentes no negócio.

5. PLANO DE *MARKETING* E VENDAS

Pode ser dividido em duas partes: (1) **análise de mercado** – análise setorial; análise SWOT; competidores e análise dos fatores-chave para o sucesso; (2) **estratégia de** *marketing* – análise do produto ou serviço; público-alvo; posicionamento; promoção e propaganda; pesquisa de *marketing*; implementação; serviços ao cliente (venda e pós-venda); vantagens competitivas.

6. PLANO DE OPERAÇÕES

Trata-se do plano operacional, ou seja, como as coisas vão funcionar internamente e qual a estrutura física necessária para o empreendimento. Deve contemplar os pontos a seguir: (1) estrutura organizacional; (2) estrutura física – imóveis e instalações; (3) máquinas e equipamentos; (4) tecnologia e processo de produção; (5) principais fornecedores; alianças estratégicas.

7. PLANO FINANCEIRO

Esse item é muito importante, mas não é tão simples. Você precisará de ajuda e de conhecimento financeiro para elaborar; portanto, não tenha medo de recorrer a quem possa ajudá-lo. Se não conseguir fazê-lo em casa, peça ajuda aos amigos que entendem de finanças, contrate um contador ou utilize o *software* do SEBRAE. Deve contemplar os seguintes pontos: (1) investimento inicial; (2) previsão de vendas; (3) custos fixos e variáveis; (4) projeção do fluxo de caixa; (5) análise do ponto de equilíbrio; (6) demonstração dos resultados (DRE); (7) balanço patrimonial; (8) análise dos indicadores: retorno sobre investimento (*payback*); taxa interna de retorno (TIR); valor presente líquido (VPL).

DICA LEGAL: para levar adiante sua ideia, envie um *e-mail* para os autores e receba um modelo completo de plano de negócio. Assim, você ganha tempo e não desanima nunca.

4.3 Como estabelecer metas realistas para o negócio?

> O segredo de ir em frente está em começar. O segredo de começar está em repartir suas tarefas complexas e esmagadoras em tarefas pequenas e administráveis e, então, começar pela primeira.
>
> MARK TWAIN

Nos próximos minutos, queremos simplificar algo que levamos muito tempo para entender: **a diferença entre objetivos e metas**. Tratando-se de planejamento, isso é fundamental. Na vida real, é bem mais simples viver sem objetivos e metas, mas se isso ocorrer de fato, não exija nada nem espere por milagres. Se planejando já é difícil, imagine esperar por algo a vida inteira sem fazer por merecê-lo.

Para atingir a excelência não é necessário pensar grande nem pequeno, mas estabelecer objetivos e metas realistas. Como diz o ditado: **pés no chão, cabeça nas estrelas**. Os extremos devem ser evitados, a menos que a família seja abastada e possa arriscar uma boa grana na sua ideia – mas é algo que nem sempre acontece.

Objetivos são intenções gerais, de médio e longo prazo, estabelecidos por uma determinada pessoa, equipe, empresa, organização ou governo. Vejamos alguns exemplos que passam pela cabeça das pessoas:

- Passar no vestibular para Engenharia Elétrica
- Economizar um milhão de reais
- Fazer um curso de MBA na Harvard Business School
- Conquistar o cargo de presidente da empresa
- Escalar os sete picos mais altos do mundo
- Tornar-se um escritor famoso
- Ganhar a medalha de ouro na Maratona dos Jogos Olímpicos de 2024
- Montar o próprio negócio/trabalhar por conta própria

Isso tem tudo a ver com a visão e a missão, ou seja, o seu propósito de vida, conforme visto no capítulo 2. Depois de definir o seu verdadeiro propósito, o próximo passo é desdobrar a visão e a missão em objetivos concretos e, em seguida, em metas realistas. Se a sua visão ou missão é criar um empreendimento de sucesso, nem é preciso discutir o assunto. Comece o quanto antes.

Metas são ações específicas mensuráveis que constituem os passos para atingir objetivos. Portanto, seja qual for o seu negócio, tente estabelecer objetivos e metas para manter o controle e, acima de tudo, monitore o progresso em relação ao planejado.

Os versos do poeta inglês Rudyard Kipling não foram idealizados quando ele estava pensando em um plano de negócio, mas têm tudo a ver com o assunto. Cem anos depois, são recitados todos os dias através de uma ferramenta muito utilizada pela maioria das empresas na fase de planejamento: 4W1H ou 5W2H.

SIX HONEST SERVING MEN
I keep six honest serving-men
(They taught me all I knew);
Their names are What and Why and When
And How and Where and Who.

Mantenho seis homens honestos comigo
(Ensinaram-me tudo o que sei);
Seus nomes são O Que, Por Que, Quando,
Como, Onde e Quem.

Por experiência própria, posso afirmar que os sonhos em si não levam você a lugar algum. **A tradução dos sonhos em objetivos, metas e ações é o que poderá torná-los reais**. A melhor maneira de colocar em prática as suas ações é cercar-se de ferramentas de apoio para dar o passo essencial.

Uma parte considerável da sua vontade é o seu porquê. Ter aspirações é um bom ponto de partida, mas transformar as aspirações em objetivos e metas concretas de realização é um desafio. Imagine, por exemplo, que você queira se tornar um esportista de ponta e participar das principais maratonas do mundo. Para atingir esse objetivo, algumas metas são necessárias, tais como:

- O número de quilômetros que você está disposto a correr diariamente para manter a forma e se preparar;
- O montante de dinheiro que está disposto a economizar todos os meses para cobrir as despesas com passagem aérea, hotel, refeição, material esportivo e valor da inscrição todos os anos;

- O tempo que deverá conseguir para largar entre os primeiros e ainda ter chance de obter uma boa colocação na prova;
- As coisas de que pretende abrir mão – diversão, comidas, bebidas, conforto, etc. – para não perder o seu objetivo de vista.

Agora você terá a oportunidade de visualizar, talvez pela primeira vez na vida, as perguntas poderosas do planejamento, tomando por base o objetivo de se tornar um grande maratonista. Vá ainda mais longe: seu objetivo é conquistar a medalha de ouro nos Jogos Olímpicos de 2024, avalie o que pode ser feito.

Como é que você conseguirá atingir o objetivo? Lembre-se das palavras de Mark Twain: "Repartir suas tarefas complexas e esmagadoras em tarefas pequenas e administráveis e, então, começar pela primeira".

Na prática, desdobre o objetivo principal em pequenas metas, de acordo com as possibilidades de realização. É o seu plano de ação. Vamos lá!

Objetivo: Conquistar a medalha de ouro nos Jogos Olímpicos de 2024					
O QUÊ?	POR QUÊ?	COMO?	QUANDO?	QUEM?	ONDE?
Conversar com a família	Obter apoio	Reunião em família	30/06/2020	Você	Em casa
Consultar um fisiologista	Avaliar perfil e condições físicas	Marcar consulta por telefone	31/07/2020	Você	Consultório médico
Definir programa de treinamento	Adquirir condicionamento físico	Consultar profissional de educação física	30/09/2020	Você	Escolas ou Academias
Fortalecer musculatura	Melhorar o rendimento	Matricular-se na academia	31/10/2020	Você	Academia mais próxima de casa
Participar da Maratona de São Silvestre	Adquirir experiência	Inscrição via internet	31/12/2020	Você	São Paulo
Correr a Meia-Maratona do Rio de Janeiro	Adquirir experiência	Inscrição via internet	31/03/2021	Você	Rio de Janeiro

Procurar uma equipe de maratonistas	Tornar-se conhecido	Pesquisando na internet	06/06/2022	Você	Em sua cidade
Participar da Maratona de Nova Iorque	Adquirir experiência internacional	Inscrição via internet	30/09/2022	Você	Nova Iorque
Participar do Campeonato Mundial de Atletismo	Competir num evento internacional	Inscrição via Confederação Brasileira	30/08/2023	Você	Local designado pelas provas

Conquistar objetivos requer esforço, paciência e dedicação. Nada vem de graça, da noite para o dia, num piscar de olhos. Como será possível observar em revistas do gênero ou em programas de televisão, são poucos os que se dedicam e, quando isso ocorre, são poucos os que se destacam.

No exemplo anterior utilizamos algumas metas genéricas. Com o tempo e o progresso você pode estabelecer novas metas – de tempo, por exemplo – a cada prova realizada. Suponhamos que termine a sua primeira maratona com a marca de 2 horas e 35 minutos. Na próxima você poderia fixar uma meta mais arrojada e tentar 2 horas e 5 minutos, um desafio e tanto para não perder o objetivo de vista: **conquistar a medalha de ouro nos Jogos Olímpicos de 2024.**

No mundo dos negócios não é diferente. Objetivos e metas são tarefas comuns na vida dos executivos e donos de empresas. O modelo apresentado é o mesmo. O que muda é a descrição e os números.

Mais uma vez, por que isso é importante? Tenha em mente que um objetivo precisa ser desdobrado, caso contrário, torna-se impossível atingi-lo. Imagine se você abrisse um negócio por conta própria e o objetivo de faturamento para o primeiro ano fosse um milhão de reais. O que aconteceria? Provavelmente, não seria atingido. O esforço seria enorme e a frustração também. Agora você sabe por que o desenvolvimento pessoal e profissional exige **metas realistas**.

No caso específico do plano de negócio, além das atividades sugeridas no roteiro, o ideal é desenvolver um plano de ação para cada objetivo a ser atingido. Como existem objetivos e metas para todas as áreas, é possível estabelecer um objetivo principal e dividi-lo em vários outros objetivos menores e, para cada um deles, estabelecer metas. Em planejamento, damos aos objetivos menores o nome de **Objetivos Estratégicos**. O objetivo principal é a sua **Visão de Futuro** ou a sua **Visão de Negócio**.

Da mesma forma que o exemplo anterior, vamos brincar um pouco com um provável objetivo a ser perseguido quando estiver determinado a se tornar empreendedor de verdade.

Objetivo: Montar um *site* de comércio eletrônico					
O QUÊ?	POR QUÊ?	COMO?	QUANDO?	QUEM?	ONDE?

Antes de prosseguir, vamos dividir o objetivo principal em vários outros objetivos menores para facilitar o entendimento e o estabelecimento das metas, neste caso, por etapas:

Objetivo: Montar um *site* de comércio eletrônico
Objetivos estratégicos: 1. Elaborar o plano de negócio; 2. Constituir a empresa legalmente; 3. Contratar uma empresa para desenvolver o *site*; 4. Lançar o *site*; 5. Contratar a equipe inicial de trabalho; 6. Cadastrar o *site* em diretórios na internet.

Agora, vamos escolher um dos objetivos menores (estratégicos) e seguir o exemplo anterior. O plano de ação pode ser desdobrado da seguinte forma:

Objetivo principal: Montar um *site* de comércio eletrônico					
Objetivo estratégico: Constituir a empresa legalmente					
PLANO DE AÇÃO					
O QUÊ?	POR QUÊ?	COMO?	QUANDO?	QUEM?	ONDE?
Definir os parâmetros da sociedade	Evitar contratempos futuros	Reunir os membros do projeto	31/03	Você	Cidade sede do negócio

| Elaborar o contrato social | Formalizar o negócio | Contratar um contador | 30/06 | Você | Cidade sede do negócio |
| Registrar o contrato social | Tornar o documento público | Dar entrada no processo | 30/09 | Você | Junta Comercial |

Ufa! Chegamos ao fim deste tópico. Com as ferramentas mencionadas até aqui você pode ir longe. Não despreze a importância dos objetivos e das metas realistas. Lembre-se: "pés no chão, cabeça nas estrelas", caso contrário, será mais difícil levar o plano adiante.

Quando as metas estabelecidas pelo empreendedor não são razoáveis nem mensuráveis, elas perdem o sentido e são como folhas secas ao vento. Nunca sabemos a direção que elas vão tomar. Faça diferente. **Estabelecer suas metas e objetivos de acordo com sua capacidade de resposta é uma questão de sabedoria.**

4.4 Qual será a sua estratégia para fazer o negócio decolar?

Esse é o grande dilema dos empreendedores. Criar um produto, fazer um plano de negócio, encontrar um local adequado para começar, contratar pessoas, tudo isso parece fácil até que o negócio começa a funcionar. Entre conceber uma ideia e fazer o negócio decolar há um intervalo de tempo razoável.

Como deve ter observado desde o início, repetimos inúmeras vezes a palavra **estratégia**. Originalmente, estratégia vem do termo *strategia* que, em grego antigo, significa "arte de coordenar as ações de guerra", portanto, **está relacionada diretamente com ações militares** e passou a ser utilizada com mais ênfase por Sun Tzu, famoso general chinês que viveu no século IV a.C., autor do livro *A Arte da Guerra*.

Costumamos dizer que para tudo na vida você precisa de uma estratégia, ainda que não utilize qualquer metodologia para isso. Conquistar uma namorada, aumentar o valor da mesada, passar no vestibular, juntar recursos para montar um negócio por conta própria, tudo isso requer estratégia. A partir de agora, você vai respirar, mastigar, sonhar e pensar em estratégia.

Em negócios, o que define o sucesso de uma empresa, entre outras coisas menos importantes, **é a estratégia**.

Existem várias concepções distorcidas sobre estratégia. Algumas pessoas confundem estratégia com metas e ações ou com visão e missão. De acordo com Michael Porter, professor da Harvard Business School, considerado a maior autoridade mundial no assunto, **estratégia é a posição que você alcançará, e o passo é o meio para você chegar lá**. Não se deve confundir estratégia com meta, ação ou visão da empresa.

Os dicionários apresentam várias definições nem sempre esclarecedoras, portanto, vamos enfatizar algumas para que nunca mais você alimente qualquer dúvida a respeito. Quando entender o conceito básico, as coisas se elucidarão e será mais fácil praticá-la. A definição mais simples que se pode adotar é essa: **estratégia é um caminho a ser seguido**.

Estratégia é mais do que um conjunto de ações. Estratégia é diferente de aspirações. Estratégia não é o mesmo que visão ou missão. Estratégia é deixar alguns clientes infelizes. **Competir para ser melhor é um erro. O correto é uma empresa competir para ser a única**, segundo Michael Porter.

Vejamos uma definição mais completa de estratégia, mais técnica, de autoria de Fernando Luzio, especialista no assunto:

> **Estratégia é um conjunto de escolhas** (e não escolhas) **claramente definidas e implementadas** que geram **singularidade** no mercado e estabelecem as principais **rupturas** que a organização deverá realizar para promover um **crescimento sustentável** e **conquistar sua visão**, de forma **consistente** com a **missão** e os **valores**.

Vamos desmembrar o conceito para facilitar o entendimento e ajudá-lo a consolidar a ideia:

- **Conjunto de escolhas**: vários caminhos ou várias ações em diferentes áreas do negócio. Exemplo: porta em porta ou franquia? Fornecedor exclusivo ou vários fornecedores? Produtos ou serviços? Público A, B, C, D ou E? Retirada ou *delivery*? Produção própria ou terceirizada? Atacado ou varejo? São várias opções.
- **Claramente definidas e implementadas**: comunicação clara – para o público interno (colaboradores) e externo (clientes) – que

não deixa dúvidas para quem quer trabalhar na sua empresa e para quem quer comprar o seu produto ou serviço.
- **Rupturas**: em negócios chamamos também de *trade off*, ou seja, o que deve ser eliminado para manter o foco e a diferenciação. Sem fazer escolhas, não é possível desenvolver e manter uma vantagem competitiva.
- **Singularidade**: produtos ou serviços únicos, que criam referência no mercado, portanto, são diferentes. Exemplo: *Cirque du Soleil*, iPod, iPhone, PS4, etc.
- **Crescimento sustentável**: crescer aos poucos, de forma sustentável, com dinheiro em caixa, sem comprometer o negócio, de acordo com as suas possibilidades, de maneira estruturada, sem dar o passo maior do que a perna.
- **Consistente**: digno de credibilidade, condizente com sua realidade, atrativo sob o ponto de vista econômico e financeiro, concebido sob planejamento por alguém apaixonado pelo negócio.

Antes de prosseguirmos, vale a pena resgatar as quatro perguntas básicas do planejamento estratégico, sugeridas por Peter Drucker, cujas respostas definem o **modelo do negócio**. Quando isso estiver claro, a vantagem competitiva do seu empreendimento será sustentável.

Vantagem competitiva é uma **posição exclusiva e valiosa** conquistada através das **escolhas** realizadas para o negócio. É a sua **singularidade**, ou seja, **as razões que diferenciam o seu negócio dos demais**. Para entender melhor, leve para o lado pessoal e responda: qual é a sua vantagem competitiva? O que você faz de diferente que os seus amigos ou concorrentes não fazem?

MODELO DE NEGÓCIO

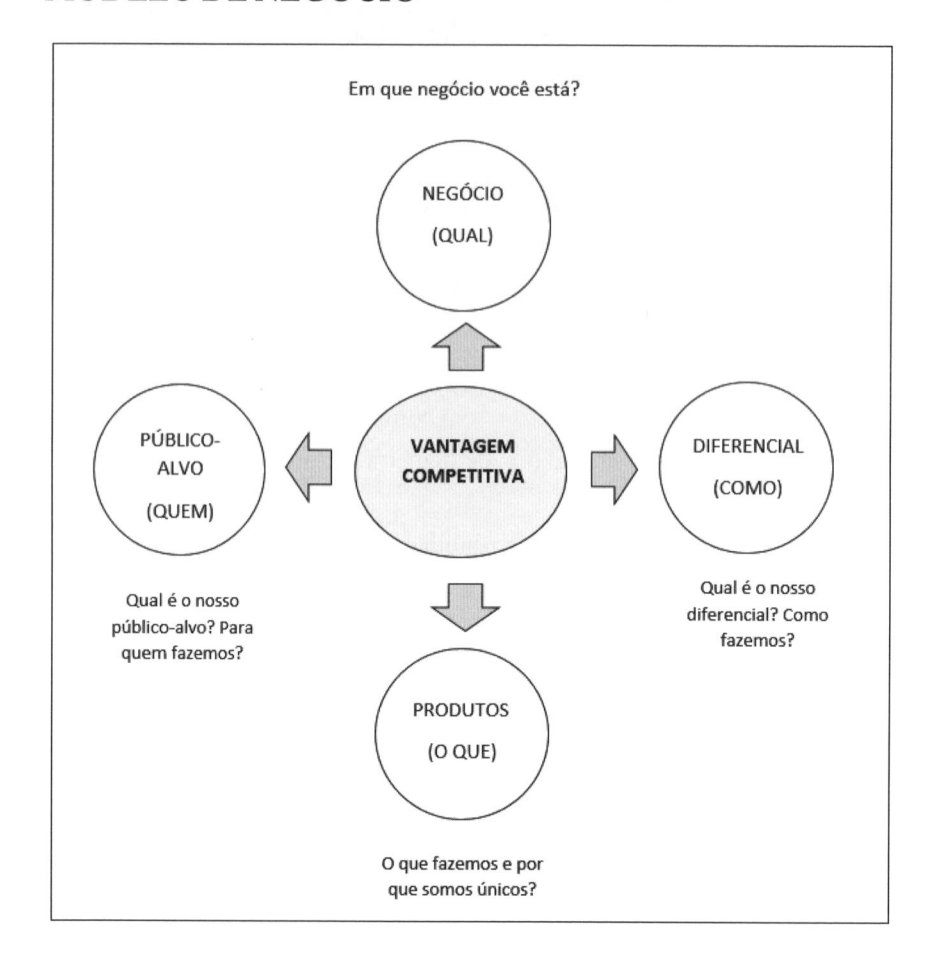

```
                    Em que negócio você está?

                           ┌─────────┐
                           │ NEGÓCIO │
                           │  (QUAL) │
                           └─────────┘
                                ⇑
    ┌─────────┐            ┌──────────┐            ┌───────────┐
    │ PÚBLICO-│            │ VANTAGEM │            │DIFERENCIAL│
    │  ALVO   │  ⇐         │COMPETITIVA│        ⇒  │  (COMO)   │
    │ (QUEM)  │            └──────────┘            └───────────┘
    └─────────┘                 ⇓

  Qual é o nosso                                  Qual é o nosso
  público-alvo? Para                              diferencial? Como
  quem fazemos?                                   fazemos?

                           ┌──────────┐
                           │ PRODUTOS │
                           │  (O QUE) │
                           └──────────┘

                       O que fazemos e por
                       que somos únicos?
```

Como é que fica tudo isso na prática? Cuidado para não exagerar nas escolhas. Você deve ser criterioso para se tornar imprescindível e criar referência, quer seja na profissão, quer seja no negócio escolhido. Dentro do possível, siga a recomendação de Jack Trout e Al Ries, especialistas em posicionamento estratégico: **"Quando você quer ser tudo para todos acaba não sendo nada"**.

Para refletir: imagine se você quisesse ser médico, empresário, jogador de futebol, presidente de clube e político, tudo ao mesmo tempo.

Agora você sabe por que muitos negócios não decolam. Empreendedores iniciantes criam negócios para sobreviver e não para ganhar dinheiro, ou seja, querem montar alguma coisa enquanto não encontram nada melhor para fazer. O que acontece depois é uma sequência de erros conhecidos pela maioria dos empresários falidos. **Se você não concentrar energia suficiente para respirar o seu negócio, há uma grande chance de não dar certo**.

Vamos ao modelo de negócio retomando o mesmo exemplo utilizado no plano de ação. Imagine que o seu desejo é montar um *site* para vender material esportivo pela internet: tênis, agasalhos, acessórios, roupas esportivas em geral. Se aplicarmos a técnica de modelo de negócio, o que teremos?

MODELO DE NEGÓCIO ADOTADO PARA COMÉRCIO ELETRÔNICO DE MATERIAIS ESPORTIVOS	
Em que negócio você está?	Comercialização de material esportivo pela internet (*e-commerce*)
Qual é o seu público-alvo?	Praticantes de esportes, esportistas em geral
O que você realmente vende?	Material esportivo personalizado
Qual é o seu diferencial competitivo?	1. Entrega em 24h para capitais 2. Produtos personalizados 3. Produtos de alta qualidade (grandes marcas) 4. Tamanhos específicos 5. Modelos exclusivos (não repetidos) 6. Amplas opções de pagamento: cartão, boleto, transferência bancária, etc. 7. Lançamentos todos os dias

Simples? Sim e não! Lembre-se: no mercado existe uma variável chamada **concorrência**. Por isso *A Arte da Guerra* de Sun Tzu faz muito sucesso no mercado. Enquanto você está pensando em algo diferente para o seu negócio, o concorrente também está, portanto, deve se atualizar e inovar o tempo todo para estimular a criatividade.

Posicionamento é a guerra diária pela mente do consumidor. Nos Estados Unidos, os telespectadores são bombardeados todos os dias por mais de 3 mil propagandas. Significa que o seu negócio estará competindo o tempo todo com inúmeros concorrentes. Como é que você fará para se posicionar na mente do consumidor? A pergunta-chave é: **o que o seu produto ou serviço tem de diferente para conquistar a atenção do consumidor**?

Como foi dito no capítulo inicial, você não precisa esperar dez ou vinte anos para aprender tudo sobre negócios. **O melhor é aprender com os erros dos outros**. A seguir, você verá um resumo das questões fundamentais que devem ser consideradas quando estiver determinado a empreender. Isso vale para todos os empreendimentos, de qualquer tamanho, origem ou segmento. Leia e releia com frequência.

QUESTÕES FUNDAMENTAIS PARA O SUCESSO DO EMPREENDIMENTO	
ÁREA ESTRATÉGICA	1. Desenvolva uma estratégia convincente e clara. 2. Comunique a essência da visão e da missão; não perca o principal objetivo de vista (foco). 3. Desenvolva um bom plano de negócio. 4. Estabeleça metas audaciosas, mas possíveis. 5. Crie um diferencial nos seus produtos e serviços.
ÁREA FINANCEIRA	1. Procure manter o fluxo de caixa sempre positivo. 2. Fortaleça o balanço financeiro da empresa. 3. Monitore os resultados diariamente. 4. Reinvista os lucros sempre que possível. 5. Obtenha resultados no curto prazo para não desmotivar as equipes.
RECURSOS HUMANOS	1. Contrate bons profissionais, dispostos a crescer junto com a empresa. 2. Defina responsabilidades e esclareça aos funcionários quais os principais fatores de sucesso. Celebre as conquistas. 3. Estimule o espírito empreendedor: reconheça os funcionários inovadores e de alto desempenho. 4. Aja rápido. Livre-se dos ineficientes. Não é necessário esperar cinco anos para saber se o profissional é eficiente ou não. 5. Motivação é fundamental: elogio em público é mais efetivo do que um aumento salarial. 6. Treinamento, treinamento, treinamento.

CARACTERÍSTICAS PESSOAIS	1. Ser otimista reduz as chances de fracasso. 2. Nada supera a seriedade no trabalho, a força de vontade e a dedicação ao negócio. 3. A sorte favorece os que são persistentes, portanto, continue sempre caminhando. 4. Realizar com o sentido de contribuir é mais importante do que ganhar dinheiro.

Para encerrar este tópico, um conselho simples, mas eficaz: para fazer o negócio decolar, estude o seu segmento, coloque sua alma para trabalhar e nunca perca o seu objetivo de vista. **O que você será no futuro?**

4.5 Como utilizar o *networking* a favor do seu negócio?

> Antes de você completar dez anos, sua mãe lhe ensinou tudo o que você precisa saber sobre contatos. Faça amigos, jogue limpo, diga a verdade, tome banho, faça a lição de casa.
> JEFFREY GITOMER em *O Livro Negro do Networking*

A palavra *networking* entrou em nosso vocabulário a partir da década de 1990, com o advento da globalização e a necessidade de pessoas e empresas se relacionarem cada vez mais para fazer negócios em escala mundial.

Há trinta ou quarenta anos, as pessoas costumavam recorrer a alguém influente nas empresas, na política ou na comunidade onde moravam a fim de obter alguma indicação, principalmente quando se tratava de emprego. O termo utilizado na época era "pistolão", alguém com poder e prestígio para indicar você para uma vaga sem necessidade de teste ou concurso. Bastava uma indicação e uma rápida entrevista e você estava praticamente empregado. O treinamento vinha depois, com a prática. Independentemente da classe social, todo mundo corria atrás de um "pistolão" para obter vantagem pessoal ou para facilitar o caminho das pedras.

Atualmente, o termo "pistolão" é usado com menor ênfase em algumas cidades mais afastadas das capitais, principalmente quando está relacionado a empresas públicas, mas a exigência dos concursos inibiu muito essa prática. Isso obriga as pessoas a estudarem mais, a se dedicarem mais e a se relacionarem melhor para conquistar a credibilidade necessária para arranjar bons empregos e fazer bons negócios. Além disso, a competitividade no mercado aumentou mais do que a capacidade das pessoas de se relacionarem. As que aprenderem a estabelecer um bom *networking* mais cedo terão chances de prosperar mais rápido.

O termo "*networking*" é uma junção das palavras "*net*" (rede) e "*working*" (trabalhando). Na prática, é a sua rede de contatos trabalhando a seu favor quando necessário. **No mundo dos negócios, quanto maior for a rede de contatos de um empreendedor, maior a possibilidade de aproveitar as oportunidades existentes e de realizar bons negócios.** Por essa razão, valorize a importância do *networking* e faça crescer a sua rede de contatos, principalmente em relação àqueles que dizem respeito ao negócio que deseja criar: um dia você precisará deles.

De acordo com Jeffrey Gitomer, **fazer contatos é mera questão de ser amigável, de ter capacidade para se entrosar e de estar disposto a dar algo de valor primeiro.** Quando você combinar esses três atributos, terá descoberto o segredo por trás dos poderosos contatos que levam a relacionamentos ainda mais valiosos.

PERGUNTAS PODEROSAS PARA TESTAR SEU *NETWORKING*
1. Você sabe estabelecer contatos?
2. Até que ponto os seus contatos são bons?
3. Você tem capacidade para se entrosar com as pessoas?
4. Você está disposto a dar algo de valor primeiro?
5. As pessoas que você conhece são importantes para a sua carreira ou para o seu negócio?
6. As pessoas que o conhecem são importantes para a sua carreira ou para o seu negócio?

No mundo dos negócios, **as pessoas preferem fazer negócios com amigos.** Quer dizer que, para galgar a escada do sucesso em qualquer atividade ou negócio, muito mais do que estratégia, técnicas de vendas e formação educacional, você precisa mesmo é de amigos? Sim, amigos de verdade. Se não for apenas interesse, amigos vão querer ajudá-lo sempre, por toda a vida.

Isso funciona muito bem entre turcos, libaneses, gregos, japoneses, chineses, coreanos e judeus. Você já testemunhou alguém dessa cultura pedindo esmolas na calçada? De uma forma ou de outra, estão sempre se ajudando. Eles são capazes de levantar cedo, emprestam dinheiro uns para os outros, têm orgulho do que fazem, não sentem vergonha de trabalhar atrás de um balcão para vender roupas ou fritar pastel, nem têm preguiça de levantar às cinco da manhã para colher frutas e verduras e vendê-las na feira.

Para tirar melhor proveito de seu *networking* é necessário desenvolver uma rede de relações profissionais. Não estamos falando da sua rede de amigos no Facebook ou Instagram para compartilhamento de fotos, frases, piadas e vídeos. Refiro-me a um processo ilimitado de contatos com pessoas de todas as áreas relacionadas ao seu negócio para troca de informações, atualizações, conselhos úteis e, principalmente, apoio moral, se necessário.

Está bem! Já entendi tudo isso, mas o que eu devo fazer para melhorar o meu *networking?* Existem dezenas de autores que fornecem milhares de dicas de como ampliar a rede de contatos, portanto, não esquente a cabeça com isso. Você precisa é levar a sério essas dicas e colocá-las em prática sempre que possível.

DICAS PARA MELHORAR SEU *NETWORKING*

1. Como MONTAR a sua rede de contatos
   - Aproveite todas as oportunidades possíveis para conhecer pessoas e estabelecer contatos: reuniões, palestras, conferências, aniversários, ônibus, metrô, etc.
   - Participe de organizações não governamentais (ONGs), associações profissionais, cursos rápidos, eventos sociais, etc.
   - Mantenha contato com seus amigos de infância, de adolescência, de faculdade, vizinhos, professores e ex-colegas de trabalho.
   - Invista parte da sua mesada ou do seu salário num cartão de visita, acrescente o número do celular e o endereço de *e-mail*; não tenha medo de pedir o cartão de visita das pessoas que poderão ajudá-lo mais adiante.
   - Registre todos os seus contatos no celular e na agenda do computador cada vez que receber um cartão de visitas.
   - Participe das redes sociais que valem a pena, tais como: Facebook, Twitter e Linkedin, entre outras, com o intuito de contribuir, colocar *links* interessantes e, principalmente, divulgar o seu negócio (trabalho).

2. Como MANTER a sua rede de contatos ativa
   - Crie um sistema de armazenamento de detalhes dos contatos no celular ou no computador para facilitar a consulta. Por exemplo: João da Silva – Designer.
   - Registre algumas informações pessoais relevantes atualizadas, tais como: número de filhos, esposa, aniversário, empresa, profissão, *e-mail*, etc.
   - Envie cartões de natal, bilhetes de cumprimento, cartões de aniversário e telefone para os contatos somente nas seguintes condições: quando estiver precisando de informações, de uma recomendação, de um novo contato, de novos clientes ou de um emprego.
   - Convide a sua rede de contatos para eventos sociais, exposições, conferências, palestras, lançamento de livros, etc.

3. Como UTILIZAR CORRETAMENTE a sua rede de contatos
   - Seja amigável e esteja preparado para receber um "não" como resposta; ser amigável gera confiança, afinal, ninguém faz negócio com quem não confia.
   - Explique por que está fazendo contato e seja claro quanto ao tipo de ajuda ou informação que está buscando.
   - Utilize o *e-mail* para enviar *links* de artigos ou informações úteis que contribuam para o crescimento das pessoas.
   - Não exagere nas piadas, no tamanho dos arquivos e nas coisas inúteis que roubam tempo precioso das pessoas, pois existe muita gente fazendo isso. Você deseja aumentar a rede de contatos e não ser excluído dela.
   - Agradeça pela ajuda recebida e ofereça reciprocidade, quando for o caso.

> 4. Como AMPLIAR a sua rede de contatos
> - 90% do sucesso na ampliação da rede de contatos tem relação com se mostrar e estar preparado para um novo contato.
> - Demonstre interesse sincero pelas outras pessoas, pelo seu crescimento e negócio antes de exigir que elas tenham um interesse verdadeiro por você.
> - Verifique se o momento é adequado, ou quando seria o momento mais adequado para o contato.
> - Olhe nos olhos, seja firme no aperto de mão e mantenha uma atitude positiva; toda atitude positiva gera respostas positivas e, portanto, contatos valiosos.
> - A imagem que você passa como pessoa e profissional é determinante para fazer um contato duradouro.
> - Ofereça algo de valor primeiro, seja você mesmo, jogue limpo, seja simples e as pessoas vão querer fazer parte da sua rede de contatos para sempre.

Manter uma rede de contatos profissionais é uma forma de conduzir contatos e ligações informais com os outros com reciprocidade. É uma espécie de "toma lá, dá cá", como se diz na gíria. Nesse caso, o *networking* é uma fonte bastante útil de ideias, conselhos, informações e apoio para a qual deve dedicar tempo a fim de mantê-la sempre ativa.

Não importa a sua idade, estamos aprendendo juntos. Você faz ideia de quantas pessoas já conheceu na vida? Provavelmente centenas. Todo mundo tem um círculo de influência que pode ser formado por um grupo de amigos, colegas de trabalho, empregados, vizinhos ou pessoas que frequentam o mesmo clube ou a mesma escola. Em outras palavras, você está conectado a um grupo de pessoas, por uma razão qualquer, na vida pessoal e profissional.

Dentro do seu círculo de influência são realizados contatos, negócios, trocas e transações comerciais, portanto, a questão fundamental em *networking* é: **até que ponto seus contatos são bons?** Você pode contar com pessoas que fazem parte da sua rede para obter informações e apoio?

Por que estou dizendo isso? De nada adianta ter mil ou dez mil amigos nas redes sociais se não puder contar com eles quando necessário. Como diz Gitomer em *O Livro Negro do Networking*, **a qualidade de seus relacionamentos determina o destino deles**.

O maior objetivo de alguém querer estabelecer um contato é poder utilizá-lo de maneira recíproca mais adiante. Você pode estabelecer *networking* por toda a parte, desde que esteja consciente da finalidade e também preparado para isso. Infelizmente, nem todos os contatos são importantes e são poucos os que resultam em negócios. Contatos são apenas contatos. Você nunca sabe aonde poderão levá-lo nem o que acontecerá se uma pessoa disser à outra que fez contato através de você.

Agora vamos às questões mais importantes que você deve aprender sobre *networking* para o seu futuro: como fazer contato com pessoas ou profissionais a favor do seu negócio. Engenheiros, administradores, advogados, arquitetos e outros milhares de profissionais estão sempre procurando ampliar os seus negócios e a melhor forma de fazer isso é viver conectado aos profissionais do seu círculo de relacionamentos.

Na prática, contadores conhecem centenas de contadores, engenheiros conhecem centenas de outros engenheiros, empreendedores estão conectados a outros milhares de empreendedores e todos eles conhecem milhares de clientes e profissionais que podem ajudá-lo a decolar no empreendimento.

Na medida em que o seu *networking* com profissionais relacionados à sua ideia ou ao seu negócio aumenta, as oportunidades aparecem e as soluções também. E para transformar possíveis contatos em reais possibilidades de negócio, pratique o seguinte:

- **Apresente-se sem medo**: crie coragem e tome a iniciativa, mas nunca antes de se preparar para o contato; a primeira impressão que você passará é importante para firmar o contato.
- **Utilize a regra da afinidade**: encontre um ponto comum entre você e o seu futuro contato; pode ser o time, a cidade onde vocês moraram na infância, a escola onde vocês estudaram; estabeleça a ligação.
- **Determinação e persistência**: coisas boas vêm para aqueles que têm paciência e adotam medidas consistentes para consegui-las, portanto, não desanime nunca; você nunca sabe de onde virá a próxima boa ideia para o seu negócio.

5
A TEORIA NA PRÁTICA

Neste capítulo você aprenderá a:
- Entender o conceito e a importância de se estabelecer vantagens competitivas;
- Descobrir e elevar suas vantagens competitivas;
- Utilizar suas vantagens competitivas para se destacar mais do que a concorrência;
- Entender por que as suas estratégias estão funcionando ou não;
- Compreender e aplicar as competências mais importantes na gestão do negócio.

5.1 O que são vantagens competitivas?

A competição é uma luta diária pela sobrevivência e pela singularidade, portanto, para se destacar na multidão é necessário mais do que força de vontade e dedicação. Ao definir corretamente suas vantagens competitivas sobre os demais concorrentes, você estará cumprindo uma regra básica que define o sucesso ou o fracasso de uma empresa ou de um profissional: **o posicionamento**.

Um dos erros mais graves que uma empresa pode cometer – e isso vale também para a vida pessoal – é elaborar uma declaração de missão e definir uma estratégia que contrariem sua verdadeira vocação. Isso afeta diretamente a sua capacidade de criar identidade com os clientes, colaboradores, fornecedores e a sociedade em geral, de maneira íntegra.

Todos os dias a sociedade é bombardeada por milhares de propagandas na TV paga e na TV aberta. Nas palavras de Jack Trout e Al Ries, especialistas no assunto, existe uma batalha por nossa mente, ou seja, todo mundo quer ocupar um espaço e ser a primeira opção em nossa cabeça.

Para atender ao seu propósito de vida é necessário estabelecer o mais breve possível duas premissas importantes: o **posicionamento correto no mercado** e as suas **vantagens competitivas**. O que acontece com a maioria das pessoas e das empresas é que elas não apresentam consistência, portanto, não vivenciam a sua missão.

Consistência, por sua vez, é a capacidade de se manter fiel à sua visão e à sua missão, sem titubear pelo meio do caminho. Tem a ver com **integridade** e, acredite, com o tempo você precisará dela.

Posicionamento é a batalha por sua mente, ou seja, o lugar que o seu nome, como profissional, ou o nome da sua empresa, como empreendimento, ocupará na mente das pessoas. Para entender melhor o conceito tente responder às seguintes questões:

- Em que segmento de negócio você está?
- O que você realmente vende?
- Qual é o seu público-alvo?

A resposta para todas as questões anteriores pode ser definida com uma premissa básica do posicionamento: **quando você quer ser tudo para todos acaba não sendo nada**. O que significa isso? Como afirmam Jack Trout e Al Ries, por mais que você se esforce não conseguirá ocupar dois lugares na mente das pessoas, portanto, deve priorizar uma linha de ação. Isso definirá o posicionamento correto do seu nome, como profissional, ou da sua empresa no mercado.

Imagine que você queira atuar como advogado, dentista e arquiteto ao mesmo tempo. Talvez possua as habilidades necessárias e a formação para isso, mas dificilmente será reconhecido no mercado como o melhor advogado, o melhor dentista e o melhor arquiteto da sua região. Você seria capaz de confiar seus lindos olhos a um excelente dentista que faz bicos à noite como cirurgião de miopia?

No mundo essencialmente competitivo em que vivemos, **as pessoas querem ser atendidas por especialistas**. Se você for um deles, terá que definir exatamente o que faz e quais são as suas vantagens competitivas em relação aos demais. Apenas para relembrar, isso começou no capítulo 2, quando você aprendeu a definir a sua visão de futuro, a sua missão e os seus valores.

No caso dos empreendedores não é diferente. Quando você tenta ser tudo para todos, confunde as pessoas, portanto, precisa aplicar o conceito correto para evitar o mesmo erro da concorrência. Na prática, se você vende um sorriso perfeito como dentista, não dá para imaginar que também possa vender uma excelente pizza de quatro queijos. Embora precise dos dentes perfeitos para comer a pizza, uma coisa tem pouco a ver com a outra.

Vejamos alguns exemplos práticos de posicionamento através da missão de empresas consolidadas no mercado. Elas não tentam ser tudo para todos, mas tentam ser a melhor naquilo que fazem. É assim que você conquistará espaço na mente do consumidor e deixará a concorrência comendo poeira, como se diz na gíria.

- **Cirque du Soleil**: invocar o imaginário, estimular os sentidos e despertar a emoção das pessoas ao redor do mundo.
- **Google**: organizar as informações do mundo e torná-las mundialmente acessíveis e úteis.
- **Nespresso**: proporcionar o café perfeito.
- **Disney**: fazer as pessoas mais felizes.

Quando souber o que deseja fazer da vida ou quando tiver uma boa noção de para onde está caminhando, as coisas fluirão de maneira natural. Apesar do esforço, composto por suas virtudes ou características, habilidades gerenciais e habilidades pessoais, você precisa definir também as vantagens competitivas. Da mesma forma, para entender melhor o conceito é importante que você responda às seguintes questões:

- Por que alguém deveria contratar você e não o seu colega de escola?
- Por que alguém deveria comer no seu restaurante em vez de procurar o McDonald´s?
- Por que você compraria na FNAC em vez de comprar na Submarino ou na Americanas.com?

- Como é que você gostaria de ser lembrado após terminar a sua missão aqui na Terra?

Vantagem competitiva ou **diferencial competitivo** é um conjunto de características que permitem a uma empresa diferenciar-se por entregar mais valor aos seus clientes, em comparação aos seus concorrentes e sob o ponto de vista dos clientes.

Dessa forma, a **vantagem competitiva** é estabelecida pelos clientes ou consumidores. Ela faz com que o seu produto ou serviço seja escolhido, e não o do seu concorrente. Costumamos dizer também que o **valor percebido** pelo cliente é atribuído pelas vantagens competitivas que o seu produto ou serviço oferecem. Na prática, suas vantagens competitivas serão definidas com o tempo e com base nas seguintes premissas:

- **O que você faz de diferente da concorrência**: posicionamento no mercado, atendimento, qualidade dos produtos e serviços, eficiência na entrega, variedade de produtos, localização geográfica, prazo de pagamento, experiência no segmento, visão, missão e valores bem definidos, planejamento, etc.
- **Capacidade de adaptação às mudanças**: de acordo com o cientista Charles Darwin, **não são os mais fortes nem os mais inteligentes que sobrevivem, mas os que melhor se adaptam às mudanças**, portanto, a capacidade de aprender mais rápido que os concorrentes será a sua maior vantagem competitiva.

E agora, o que você faz com tudo isso? Lembra-se de quando você mapeou suas habilidades no capítulo 2 e colocou no papel tudo aquilo que sabe fazer melhor do que os outros? Comece resgatando a resposta para as questões que definem a sua missão.

DESCOBRINDO SUAS VANTAGENS COMPETITIVAS

- **Em que sou bom?** Todos nós temos habilidades incríveis e somos singulares em alguma coisa. É o seu talento natural, o dom que lhe foi concedido para fazer o bem na Terra. Não importa a profissão escolhida, mas, se você se dedica de corpo e alma, mais do que o seu concorrente, aí está a sua primeira vantagem competitiva.
- **Quais são as minhas habilidades mais fortes?** Exemplos práticos: gosto de escrever, adoro lidar com pessoas, sei planejar as coisas, sou um bom articulador, gosto de liderar, tenho facilidade para física e matemática, adoro cuidar de animais, tenho profundo respeito pela natureza, e assim por diante. Nesse sentido, tudo o que fizer melhor do que os outros se transforma em uma grande vantagem competitiva.
- **De todas as necessidades existentes no mundo, quais eu posso atender bem?** Lembra da premissa? Quando você quer ser tudo para todos, acaba não sendo nada, portanto, escolha a área com a qual você mais se identifica ou com a qual você tem mais afinidade. As perguntas corretas definem as escolhas corretas. Se você deseja ser um biólogo, lute com todas as suas forças para ser o melhor biólogo do planeta.
- **O que eu realmente desejo fazer e no que eu acredito de fato?** Todo ser humano precisa de uma causa para brigar. Se você for apaixonado pela natureza, certamente considerará a possibilidade de abraçar uma causa pela qual valha a pena lutar. Como são poucos os que nascem com a devida consciência ambiental, eis aqui uma enorme vantagem competitiva.
- **Em que tipo de profissão ou negócio estou disposto a passar anos, senão o resto da minha vida?** Quanto mais apaixonado você for pela sua profissão, maior a chance de se realizar e contribuir para uma sociedade melhor. Dinheiro é importante, mas se levar em conta somente o dinheiro, você reduz a sua vantagem competitiva.
- **Isso é algo que o mundo necessita?** Simples assim. Ajuda a melhorar a vida das pessoas? É útil, agradável? Desperta o sorriso das pessoas? Renova a esperança? O mundo está carente disso?
- **É uma contribuição importante, essencial, indispensável?** Mobiliza as pessoas? Contribui para o crescimento individual e coletivo de alguma forma? Desperta sentido de contribuição e de realização ao mesmo tempo? Isso pode fazer a diferença no mundo?

As pessoas são capazes de realizar coisas incríveis, entretanto, poucas acreditam nisso. Quando tiver claras as suas vantagens competitivas, como profissional ou como empreendedor, estará distante da multidão. Todos nascem com um dom especial e, quanto mais cedo descobri-lo, mais rápido conseguirá estabelecer suas vantagens competitivas.

5.2 O que fazer para elevar suas vantagens competitivas?

Em negócios, há um pensamento que diz o seguinte: quando se trata de estratégia, não existe estratégia certa ou errada; existe a estratégia que deu certo, por várias razões. Para aplicar a estratégia mais próxima possível da sua realidade, como profissional ou empreendedor, é necessário ter conhecimento, habilidades e atitudes que possam diferenciá-lo dos demais.

Considerando que a estratégia é um caminho a ser seguido e o caminho escolhido é composto por um número razoável de ações ao longo do tempo, suas **vantagens competitivas** serão estabelecidas de acordo com **o maior volume de informações** (conhecimento), as suas **habilidades naturais** (o que você sabe fazer bem) e as suas **atitudes** (posicionamento) durante o processo de crescimento.

Conhecimento é o processamento, natural ou induzido, do volume de informações adquirido sobre determinado assunto. Para atingir um determinado grau de conhecimento do assunto é preciso disciplina, dedicação ao extremo, foco no assunto e persistência até que a mente consiga dominar todas as variáveis relacionadas ao problema ou negócio em questão. Vejamos alguns exemplos:

- **O cientista que devora todos os livros relacionados ao assunto na tentativa de descobrir a cura para o câncer**: quanto maior o volume de informações a respeito do assunto, maior a chance de encontrar uma solução para a doença. Conhecimento e autoconhecimento são pré-requisitos para a descoberta das habilidades.
- **O escritor que avalia centenas de livros relacionados à alquimia, magia e estórias correlatas a fim de escrever um livro inédito sobre magia para crianças e adolescentes**: quanto maior o volume de informações a respeito do assunto, maior a chance de fantasiar, viajar e despertar o imaginário do público.
- **O futuro empreendedor que pesquisa durante meses na internet o funcionamento dos *sites* de comércio eletrônico para entender a dinâmica do negócio:** quanto mais ele conhece as forças e fraquezas dos concorrentes, maior a probabilidade de não incorrer no erro dos demais e de apresentar um trabalho diferenciado. Na prática, o jogo do posicionamento é um jogo de forças e fraquezas.

O conhecimento adquirido tende a fazer com que você se torne um *expert* no assunto. Quando você procura um especialista, seja qual for a sua necessidade, imagina que está nas mãos do melhor ou do mais apto a ajudá-lo a encontrar uma solução para o problema.

Em negócios, a dinâmica não muda, quer seja um profissional autônomo, quer seja um empreendedor de micro, pequeno ou médio porte. O seu desejo é ser atendido por alguém de confiança, e isso é possível somente quando alguém se dedica a estudar e entender melhor a sua área de atuação.

O mesmo vale para o empreendimento. Se quiser ter sucesso como empreendedor, não adianta apenas abrir as portas. É necessário dedicar-se de corpo e alma para fazer com que o negócio decole e isso depende basicamente de conhecimento adquirido sobre o assunto.

A OUSADIA DE FELIPE DIB

Felipe Dib lançou o **Você Aprende Agora** em 2011, aos 23 anos de idade. Atualmente, Felipe é uma referência na lista de jovens empreendedores de sucesso no Brasil.

Você Aprende Agora é uma plataforma de ensino *on-line*, totalmente gratuita, que permite que pessoas aprendam inglês com vídeos de apenas três minutos. O público-alvo do site são usuários de 30 a 50 anos de idade.

Em 2015, Felipe foi convidado pela ONU e pelo Fórum Econômico Mundial para colaborar com os Objetivos do Milênio da ONU, além de ter sido nomeado Embaixador Global da Juventude.

Além do site em português, a plataforma oferece uma versão em espanhol com o nome de *Tú Aprendes Ahora*, cujo objetivo é ajudar pessoas em países como Paraguai, Uruguai, Venezuela e República Dominicana, entre outros.

O criador da plataforma trabalha em um novo projeto, que consiste em levar o **Você Aprende Agora** para toda a rede pública de ensino nacional, além de ter como objetivo expandir essa ideia para Rússia, Índia e China.

Em 2018, Felipe Dib lançou a plataforma *You Speak Now* em Hong Kong para atender falantes nativos em chinês que desejam aprender inglês. Com tudo isso, a plataforma chegou a 35 milhões de aulas lecionadas para alunos em mais de 180 países.

Quem disse que você não pode empreender ainda jovem?

Vamos agora para o segundo ponto. **Conhecimento** é importante e pode melhorar muito as suas **habilidades**. Uma coisa é decorrente da outra.

Embora você precise de conhecimento, algumas habilidades são natas e favorecem o seu desempenho de acordo com a área escolhida. Isso é possível entender com o **tempo**, o **autoconhecimento** e a **experiência**.

Habilidades são competências, naturais ou adquiridas, para lidar com determinadas situações ou adversidades. Ter uma habilidade é ter uma capacidade de resposta, com mais ou menos facilidade, para um determinado problema. Exemplos: a capacidade de sintetizar um problema, de bolar uma redação a partir de uma reportagem de jornal, de administrar um conflito, de buscar uma solução a partir de um simples dado, de organizar uma equipe, de escrever um livro, de desenvolver um projeto, de quebrar paradigmas e assim por diante.

No caso específico dos empreendedores, algumas habilidades ajudam, outras são imprescindíveis. Vamos utilizar o mesmo quadro mencionado no capítulo 2, conforme descrito a seguir, e associá-lo ao futuro que você deseja experimentar como empreendedor. Ao optar pelo caminho do empreendedorismo, inevitavelmente você precisará adquirir determinadas habilidades.

> **HABILIDADES IMPRESCINDÍVEIS PARA EMPREENDER**
>
> - **Habilidade para organizar e comandar equipes**: tem a ver com a sua capacidade de mobilizar as pessoas em torno de um objetivo comum, fundamental para qualquer empreendedor.
> - **Habilidade básica para trabalhar em equipe**: como empreendedor iniciante, você deve liderar, mas não deve se furtar ao envolvimento direto com as pessoas no processo; com uma equipe pequena não dá para simplesmente emitir ordens; o seu papel de líder e o seu papel como integrante da equipe são indissociáveis.
> - **Habilidade para captar e transmitir ideias com paixão e entusiasmo**: em negócios, a maioria das pessoas é movida pelo sonho de alguém, portanto, se você tem um sonho e não quer ser movido pelo sonho dos outros, captar e transmitir ideias é uma habilidade indispensável.
> - **Habilidade para tomar decisões**: a maioria das ideias morre antes mesmo de nascer. Para manter o sonho em constante atividade é necessário tomar decisões o tempo todo.
> - **Habilidade para negociar** com os filhos, os pais, os amigos e clientes; não há como escapar da necessidade de negociar, principalmente quando estamos envolvidos com colaboradores, clientes, fornecedores e governo; negociar significa fazer e receber concessões, intermediar e solucionar impasses o tempo todo.
> - **Habilidade de pensar estrategicamente:** é a sua capacidade de olhar para o futuro e visualizar o negócio em pleno funcionamento; ter confiança na visão e na missão é importante, mas saber posicionar-se corretamente no mercado é ainda mais; com o tempo, quanto mais estratégico você for, melhor.
> - **Habilidade de pensar de maneira sistêmica:** um empreendimento envolve diferentes competências, diferentes habilidades e diferentes áreas; evite fazer tudo sozinho e ao mesmo tempo; distribua as tarefas e reforce o papel de cada participante; treine e confie; o sucesso é a contribuição de todas as partes.

5.3 O que você deve fazer para enfrentar a concorrência?

A concorrência é tão antiga quanto a existência humana. Desde os primórdios, com a formação das primeiras famílias, vilas e cidades, a competição por um pedaço de terra, por uma companheira ou um companheiro, por alimentos e outras necessidades básicas, fez com que a disputa pela sobrevivência pura e simples passasse a fazer parte da vida humana.

Do ponto de vista antropológico, pode-se afirmar que o ser humano nasceu competitivo. Basta lembrar quem foi o primeiro ser vivo que chegou ao óvulo da mamãe concorrendo com milhares de outros candidatos. Você foi o mais rápido, o mais forte, o mais astuto e, por essa razão, está lendo este livro a fim de continuar se superando.

Naquele instante, a concorrência inicial foi superada. Ao mesmo tempo, em campos tão férteis quanto o que você nasceu, outros concorrentes atingiam objetivo semelhante. Mais adiante, você os encontrou nas ruas, nas escolas, nos vestibulares, nas empresas, nos campos de futebol e nos negócios para iniciar uma nova competição: a luta por uma posição de destaque no mercado.

O fato é que não há como se livrar da concorrência. Ela é onipresente, onde quer que você atue. Talvez você pense que isso é desanimador. Nós, autores, pensamos diferente: **não há nada mais estimulante, animador e gratificante do que enfrentar a concorrência.**

Na vida e nos negócios, a concorrência nos livra da acomodação, da falta de objetivos, da mesmice. A concorrência nos faz crescer, estimula a criatividade, nos obriga a sair da zona de conforto em busca de novas ideias, novas perspectivas e novos caminhos. A concorrência será sempre o seu maior aliado no crescimento pessoal e profissional desde que você não se entregue facilmente.

Considerando que não há como se livrar dela, vamos tratá-la, a partir de agora, como uma adversidade temporária, cujo esforço de sua parte será suficiente para enfrentá-la ou para conviver pacificamente com ela. Há espaço para todos no mercado e não se esqueça nunca: você possui um talento natural que nenhum outro ser humano na face da Terra possui.

O que seria da Coca-Cola sem a Pepsi? Da Microsoft sem o Linux? Do Google sem o Yahoo? Do iPhone sem o Android? Dos Estados Unidos sem a Rússia e a China? Da Nikon sem a Cannon? Da Honda sem a Toyota? Da Volvo sem a Scania?

Em geral, a concorrência é benéfica. Entretanto, conviver com ela sem maiores prejuízos requer atenção para não ser apanhado de surpresa no meio do caminho. Por essas e outras razões temos insistido, desde o primeiro momento, em palavras-chave que farão você se destacar e manter uma boa dianteira sobre os concorrentes. Vamos relembrar?

- **Estratégia**: o caminho a ser seguido, um conjunto de ações.
- **Diretrizes estratégicas**: Visão, Missão e Valores.
- **Posicionamento estratégico**: como você deseja ser lembrado na mente das pessoas.

- **Plano de ação:** a execução da estratégia e do conjunto de escolhas que você faz para chegar onde deseja.
- **Competências**: conhecimento, habilidades, características e virtudes necessárias para quem deseja empreender e atingir objetivos.
- **Vantagens competitivas**: o que você, como cidadão e profissional, ou sua empresa fazem de diferente em relação à concorrência.

Agora, mais do que quando iniciou o livro, você entende as verdadeiras razões que levam algumas pessoas a se destacarem e outras não; da mesma forma, o que leva algumas empresas ao sucesso e outras não.

Além de tudo isso, queremos enfatizar também uma expressão muito comum em planejamento estratégico, a qual faz toda diferença quando você entende e aplica o conceito de maneira correta: **fatores críticos de sucesso**. Como você já entendeu o significado de **vantagens competitivas**, "fatores críticos de sucesso" tem muito a ver com tudo isso. Na medida em que compreende a importância da expressão, aplica corretamente e visualiza a dimensão que isso pode alcançar, não há como dar errado.

Fatores críticos de sucesso, do inglês *Critical Success Factors* (CSF), são os pontos-chave que definem o sucesso ou o fracasso de uma empresa. Na prática, são os pontos sobre os quais você deve redobrar a atenção, nos quais você não pode falhar, pelos quais você será avaliado, amado ou ignorado, na profissão ou mesmo no empreendimento. Quando bem definidos, os fatores críticos de sucesso se tornam um ponto de referência para as pessoas que admiram o seu trabalho ou os produtos que você vende.

Muito legal tudo isso, mas o importante é entender o conceito e saber aplicá-lo, caso contrário, ficará apenas na lembrança. Vamos supor que você tenha em mente cursar medicina e depois especializar-se em pediatria. Como existem milhares de pediatras no mercado, o que você deve fazer de diferente para ir além dos demais? Estabeleça os **fatores críticos de sucesso** na profissão. Vejamos as possibilidades:

FATORES CRÍTICOS DE SUCESSO – PROFISSÃO: MÉDICO PEDIATRA
• Atender bem. • Gostar muito de crianças. • Manter profundo respeito pelas crianças e seus pais. • Conhecer a fundo a natureza dos males relacionados ao comportamento infantil. • Manter um ambiente agradável e direcionado para o bem-estar das crianças. • Realizar diagnósticos bem elaborados. • Prescrever a medicação mais próxima possível da realidade diagnosticada. • Acompanhar o desenvolvimento da criança com a mesma dedicação durante todo o tempo em que ela estiver sob seus cuidados.

Conhecemos muitos profissionais dessa área. Se você estiver propenso a seguir a profissão de médico pediatra, podemos afirmar que o cumprimento de 80% dos fatores críticos de sucesso relacionados acima estabelece uma boa vantagem competitiva. Ser um médico competente nos dias de hoje é um grande desafio considerando que muitos estão concentrados exclusivamente no volume de pacientes e não na qualidade do atendimento.

Durante as aulas e treinamentos, costumamos brincar que a concorrência não é motivo de preocupação, mas de vigilância. Em muitos casos, a concorrência está dentro de você mesmo ou dentro da empresa onde você trabalha.

Na realidade, a preocupação deve ficar por conta daquilo que você faz e não por conta daquilo que a concorrência faz, entretanto, o que a concorrência deixa de fazer pode ser interessante para o seu negócio. Com base nos erros da concorrência, estabeleça objetivos e metas, analise os fatores críticos de sucesso da sua área ou do seu negócio e, principalmente, determine suas vantagens competitivas a fim de criar um serviço diferenciado.

Semelhante ao exemplo anterior, como existem milhares de empresas e empreendedores no mesmo segmento de negócio em que pretende atuar, o que você deve fazer de diferente para prosperar?

Vamos imaginar que você queira abrir um restaurante de comida a quilo, do tipo *self-service*, para atender a demanda crescente de refeições na cidade onde mora. Além das estratégias, das competências, do plano de ação e do correto posicionamento no mercado, você deve estabelecer os **fatores críticos de sucesso** para o negócio. Vejamos o exemplo a seguir:

FATORES CRÍTICOS DE SUCESSO – RESTAURANTE
• Atender bem e manter profundo respeito pelos clientes • Manter a equipe constantemente treinada • Adquirir produtos de natureza conhecida e qualidade comprovada • Controlar o volume de consumo e sobras para reduzir os índices de desperdício • Manter o ambiente agradável e limpo • Elaborar sucessivas campanhas de propaganda e *marketing* • Servir as refeições exatamente nos horários previamente determinados • Oferecer facilidades de pagamento: cartões de crédito e débito, vale-refeição • Realizar convênios com empresas para ajudar a diluir o custo fixo • Oferecer convênios com estacionamentos para estimular a demanda

Todas as profissões e todos os empreendimentos possuem os seus fatores críticos de sucesso. Aqueles que entendem o conceito rapidamente e não medem esforços para solucionar os problemas a eles relacionados são menos suscetíveis às crises econômicas e à concorrência. Se você não conseguir se distanciar, ao menos pode trabalhar para fazer as coisas da melhor maneira. Esse é um princípio básico do sucesso nos negócios.

Se Steve Jobs e Steve Wozniak tivessem se preocupado com a HP e a IBM na época, a Apple nunca teria nascido. O mesmo vale para O Boticário e a Natura, se tivessem se preocupado com a Avon. Ter em mente o que você quer ser na vida é o primeiro passo para o sucesso. Colocar as ideias no papel é o segundo. Tomar coragem e tirar as ideias do papel é coisa para gente determinada. Preocupar-se com a concorrência é a última coisa que você deve fazer. Quando pensar nisso, pense apenas no que pode fazer melhor e não perca o objetivo de vista.

5.4 Como saber se as minhas estratégias estão funcionando?

Depois de identificar uma oportunidade de ganhar dinheiro e criar um plano bem elaborado para aproveitá-la, deve-se buscar a resposta mais adequada possível para as seguintes questões:

- Como o meu negócio criará valor para os clientes?
- Como ele dará lucro para os sócios e para os investidores?
- Como o negócio será diferente da concorrência?

Muitos empreendedores se empolgam tanto com as ideias e o potencial do seu novo produto ou serviço que se esquecem de avaliar seu valor para os clientes. Contudo, a empresa não terá sucesso se não houver quem reconheça o valor do negócio e esteja disposto a pagar por ele.

Quando abordamos no subcapítulo anterior coisas importantes como estratégia, diretrizes estratégicas, posicionamento, plano de ação, competências e vantagens competitivas, definimos as bases para o **modelo de negócio**. No caso das franquias, por exemplo, isso é muito claro. Você compra um modelo de negócio bem definido, com todos os opcionais que as empresas franqueadoras oferecem. É o caso do McDonald´s, da Pizza Hut, da Cacau Show, d'O Boticário e do Habibs. Além de existir um modelo consagrado, há também uma equipe muito capacitada estudando as movimentações do mercado e fazendo as atualizações necessárias para manter o negócio competitivo.

Para entender o seu modelo de negócio, procure fazer perguntas sobre o cliente e o mercado e associe cada uma a qualquer oportunidade que você tenha identificado. Pense nas seguintes questões:

- Como o meu produto ou serviço beneficiará o cliente?
- Quantas pessoas vão se beneficiar, ou seja, qual é o tamanho do mercado em que pretendo atuar?
- É um mercado estável, em pleno crescimento?
- Quais são as minhas chances nesse mercado? Com os recursos que tenho, consigo abocanhar uma fatia desse mercado?
- Quem são os meus concorrentes? E os seus pontos fortes e fracos?
- Como posso alcançar os meus potenciais clientes e fazer uma consulta inicial sobre a possibilidade de vendas no futuro?
- As minhas vantagens competitivas são sustentáveis a longo prazo?

De maneira organizada ou não, todas as empresas apresentam uma estratégia, o que nem sempre está escrito no papel. Nas empresas familiares, por exemplo, a estratégia está implícita ou existe apenas na mente do presidente. Assim mesmo, o fato é que não dá para seguir em frente sem uma estratégia ou um conjunto de estratégias minimamente estudado para o negócio.

Ao fazer um planejamento simples, porém eficaz para o seu negócio, você estará agindo diferente de milhares de candidatos a empreendedores que se atiram no mercado tentando encurtar o caminho do sucesso. Além de disciplina, estratégia, dedicação e persistência, o negócio requer profissionalismo e método para se manter sustentável.

Considerando que você nunca teve qualquer experiência com negócios por conta própria, o primeiro deles poderá ser tanto uma experiência fascinante quanto decepcionante, mas não deixará de ser um aprendizado, razão pela qual é necessário aprender a aprender. O aprendizado pode ser visto como uma habilidade e também como um processo pelo qual você deve passar para se fortalecer no mundo dos negócios.

Uma das ferramentas de aprendizado mais importantes surgiu nos Estados Unidos na década de 1930, e foi implantada com mais sucesso no Japão depois da Segunda Guerra Mundial: trata-se do **Ciclo PDCA**, também conhecido como Ciclo de Shewhart ou Ciclo de Deming, e é uma ferramenta desenvolvida com foco na **melhoria contínua** dos processos.

O ciclo começa pelo planejamento. Em seguida, a ação ou o conjunto de ações planejadas é executado. Na sequência, é necessário checar se o que foi executado está de acordo com o que foi planejado. Por fim, como se trata de um ciclo ou um processo, sem ponto final, toma-se uma ação para eliminar ou pelo menos para mitigar os defeitos no produto ou na execução.

O **Ciclo PDCA** é realizado em quatro etapas. Cada etapa pressupõe uma série de ações coordenadas que sugerem atenção e revisão constante por parte dos envolvidos no processo. Vejamos:

- *PLAN* – **Planejamento**
  Nesta etapa são estabelecidas as metas, identificados os problemas, definidas as estratégias e criado o plano de ação. Associe essa etapa à elaboração do plano de negócio.

- *DO* – **Execução**
  Esta etapa refere-se à execução das estratégias, as quais são transformadas em metas, objetivos e plano de ação. Aqui você abriu as portas, começou a agir e as coisas estão evoluindo de acordo com a ideia original.

- *CHECK* – **Verificação**

Esta etapa trata do monitoramento (controle) e da avaliação periódica dos resultados. Aqui, os objetivos, as metas e o plano de ação são confrontados com o que foi escrito no plano de negócio. É o seu acompanhamento diário de resultados através dos controles que você estabeleceu para o negócio.

- *ACT* – **Ação**

Se tudo estiver de acordo com o planejado, ótimo; caso contrário, esta é a fase da melhoria dos processos, da revisão das estratégias, diretrizes, metas e dos objetivos, do aprimoramento da execução e da correção de desvios, se necessário.

Por se tratar de um ciclo ou processo, ele não tem fim. Quanto mais o negócio evolui, mais você precisa se concentrar nas melhorias necessárias para fortalecer o seu posicionamento no mercado. **À medida que a sua preocupação com a melhoria contínua aumenta, o domínio sobre o seu negócio e o seu segmento de mercado também aumenta.** Nesse caso, você está transformando conhecimento em vantagem competitiva. Pense nisso!

CICLO PDCA

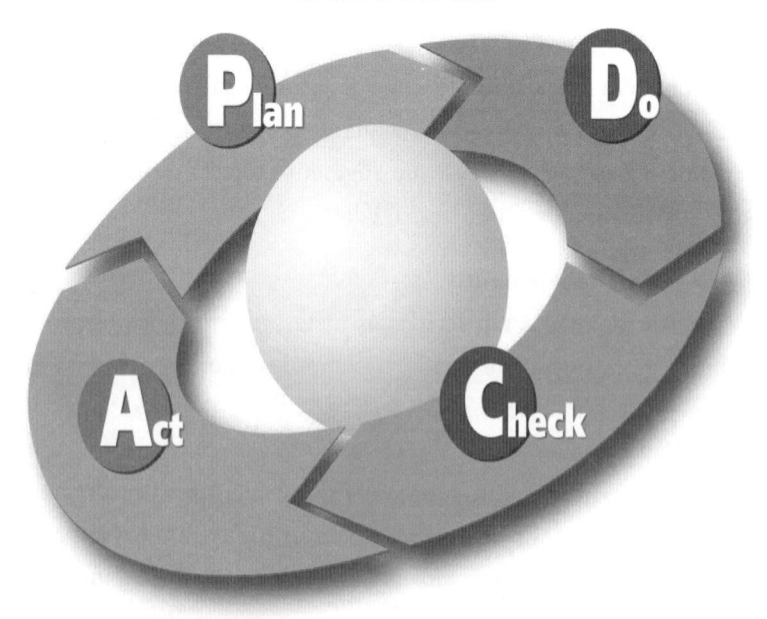

Embora o **Ciclo PDCA** seja uma ferramenta amplamente utilizada nas indústrias, com predominância para a melhoria da qualidade nos processos de produção, ela pode ser aplicada a qualquer área, negócio ou atividade. Pode ser aplicada também com eficácia na sua vida pessoal.

Em geral, as primeiras estratégias de empresas iniciantes não conseguem atingir o alvo por várias razões, dentre as quais podemos destacar:

- A sua estratégia – visão, missão e valores – não é consistente;
- Os clientes não valorizam a diferenciação;
- Os clientes não reagem a ela como previsto;
- Você escolheu o público-alvo errado.

Lembre-se de que, num primeiro momento, a sua empresa é o que se costuma chamar de *startup* ou **experimental**. O resultado desse experimento pode surpreendê-lo ou decepcioná-lo. Se os resultados não ocorrem conforme o previsto, mantenha a calma. Para tudo na vida existe uma ou mais saídas. Segundo os estudiosos, o **antídoto para uma estratégia decepcionante** pode ser aplicado da seguinte maneira: (1) **reconheça as más notícias**; (2) **reaja rapidamente** com uma nova estratégia ou uma estratégia revisada.

O reconhecimento instiga a sua capacidade de admitir o erro e isso é muito louvável. A maioria dos empreendedores que desiste ao primeiro sinal de fracasso possui um orgulho inútil e não dá o braço a torcer. A reação exige uma busca incansável pelo que deu errado e a flexibilidade para fazer os ajustes e voltar ao jogo mais fortalecido.

Por isso o **Ciclo PDCA** é fundamental. Com um pouco de disciplina, ele nos obriga a respirar negócios e a encontrar a munição adequada para recomeçar do zero, se necessário. Se você deseja se tornar um empreendedor bem-sucedido, esteja disposto a realizar as duas coisas: **reconhecer os erros** e **reagir de maneira otimista**.

Não há como antecipar a solução. Você só saberá se o negócio está indo bem com um modelo de negócios poderoso e uma estratégia sólida. Eles são imprescindíveis se o seu empreendimento tiver como objetivo ganhar dinheiro e ser competitivo. O **Ciclo PDCA** não garante o sucesso do empreendimento, mas lhe dará subsídios suficientes para corrigir os desvios a tempo.

5.5 Como você deve enfrentar o desafio da gestão do negócio?

O maior objetivo de qualquer empreendedor é o crescimento, porém o crescimento é uma bênção difícil de ser obtida. Em negócios, **o crescimento custa caro e, na maioria dos casos, é dolorido**, pois envolve um componente delicado, o capital – ou seja, o dinheiro necessário para o investimento inicial e também para o giro do negócio.

Capital de giro (*working capital*) é a quantidade de dinheiro que você precisa para manter o negócio em atividade enquanto ele ainda não for rentável, ou seja, enquanto você ainda estiver formando a base de clientes e conhecendo as potencialidades do negócio.

Por que você precisa de capital de giro? Todo negócio tem aquilo que se chama de **curva de aprendizado**, que são os primeiros meses ou primeiros anos em que a necessidade de investimento é maior, a base de clientes ainda não é suficiente para equilibrar as contas e, principalmente, você ainda não tem o *know-how* ou a *expertise* necessária para gerir o negócio com a devida sabedoria. Não se preocupe, isso não é exclusividade sua. Toda empresa passa pelas mesmas dificuldades e aos poucos vai ganhando velocidade.

Obter o capital suficiente é apenas um dos desafios proporcionados pelo crescimento e pode não ser o mais crítico. Como a maioria dos negócios inicia com o mínimo de capital necessário, **você deve explorar ao máximo suas vantagens competitivas para ganhar velocidade sem se endividar** e para **atrair investidores** interessados em colocar grana na sua ideia.

Considerando que você tenha superado a fase crítica inicial e esteja experimentando um aumento no faturamento da empresa, olhe para o negócio e tente responder a essas três questões importantes:

- **Minha estratégia é sustentável?** Se as vendas continuarem crescendo dessa maneira, será que vou ter fôlego financeiro para suportar esse volume de crescimento sem comprometer o negócio?
- **Minhas vantagens competitivas possibilitam a expansão do negócio com sucesso, inclusive para outros mercados?** Se a resposta for sim, você pode manter o negócio sempre em atividade e atuar em outras regiões em que você ainda não tenha atuado.

- **Na prática, será que eu consigo ampliar os negócios?** Em geral, o crescimento das vendas desafia a capacidade da empresa de manter o ritmo. Como dissemos no início, crescer custa caro e, quanto mais você vende, mais desafios aparecem, maior a necessidade de capital de giro e maior o tempo dedicado ao negócio.

Na medida em que o empreendimento vai crescendo, os empreendedores são obrigados a se reinventar. Isso passa pela mudança no modo de gerenciar e de fazer negócios. No início, é comum a qualquer empreendedor fazer tudo sozinho. De manhã ele abre as portas, na hora do almoço vai para o caixa, à tarde recebe fornecedores, corre para o banco, e à noite é o último a deixar o local, depois de fechar o caixa e trancar as portas do estabelecimento.

Por experiência no acompanhamento dos empreendedores, podemos afirmar que esta reinvenção é difícil. A maioria prefere continuar tocando as coisas com as mesmas ideias de dez ou vinte anos atrás e acaba se tornando um fardo para a sua própria empresa.

Com o tempo, se esse for o seu caso, você deve refletir sobre a sua própria capacidade de gerenciamento e sobre a sua disposição para mudar na mesma velocidade em que sua empresa se expande. Se o negócio crescer mais do que a sua velocidade de acompanhamento, existem dois recursos práticos que poderão ajudá-lo nesse sentido.

O primeiro é se cercar de pessoas competentes que possam ajudá-lo a gerenciar o negócio e ainda lhe dar um *feedback* objetivo sobre o seu estilo de liderança. *Feedback* é uma percepção sincera sobre o seu estilo ou comportamento como líder. Você deve estar aberto a críticas. Não seja orgulhoso, pois ninguém nasceu sabendo e também não morrerá sabendo tudo, portanto, saiba ouvir os seus colaboradores, os seus amigos, os seus sócios e até mesmo os seus pais. Esse tipo de *feedback* lhe ajudará a se adaptar às demandas da empresa e também fornecerá o apoio necessário à colaboração que todo empreendedor e empreendimento necessita para prosperar.

O segundo recurso é contratar um "treinador", também conhecido como *coach* executivo. Os treinadores proporcionam uma abordagem customizada e direta para mudar o comportamento com o objetivo de melhorar o desempenho do seu negócio ou o seu desempenho no cargo.

Muitos empreendedores demonstraram a capacidade não apenas de lançar um empreendimento bem-sucedido, mas também de gerenciá-lo da melhor forma possível durante anos. É o caso de Bill Gates, com a Microsoft, de Steve Jobs, com a Apple, de Miguel Krigsner, com O Boticário, de Richard Branson, com a Virgin, e de Akio Morita e Masaru Ibuka, com a Sony. Todos eles tiveram sucesso na medida em que adaptaram o estilo de liderança às necessidades da empresa. Era também o caso de Henry Ford, que não entendia de tudo na empresa, mas sabia ouvir a equipe e cercava-se de pessoas capacitadas para ajudá-lo a cuidar dos negócios.

Em geral, nem todos os empreendedores apresentam essa capacidade de adaptação, portanto, não conseguem mudar seus hábitos e comportamentos que funcionam muito bem quando o negócio é pequeno, mas precisam ser revistos à medida que o empreendimento ganha velocidade.

Um dos fatores críticos de sucesso de qualquer empreendimento é a necessidade de uma **gestão profissional**. Quem deseja ter sucesso nos negócios por conta própria deve acostumar-se com esse termo e praticá-lo 24 horas por dia. A gestão profissional é a única forma de manter a empresa viva e atenta aos desafios constantes do mercado.

CARACTERÍSTICAS DE UMA GESTÃO PROFISSIONAL

- Regras de convivência bem-definidas entre os sócios: direitos e deveres, formas de atuação, responsabilidades, retiradas, entrada e saída da sociedade, entrada e saída de parentes, etc.
- Normas, políticas e procedimentos bem-definidos e difundidos para toda a empresa, independentemente do faturamento e do número de empregados. Nas grandes empresas, essas práticas são chamadas de Governança Corporativa e atendem a vários requisitos monitorados por entidades idôneas como o IBGC – Instituto Brasileiro de Governança Corporativa.
- Valores da empresa claramente definidos para a sociedade, os sócios, os clientes, os fornecedores e os colaboradores: ética, transparência, qualidade, equidade, etc.
- Posicionamento e estratégias de atuação bem-definidas para o mercado: visão, missão, valores e objetivos estratégicos.
- Prestação responsável de contas para todos os envolvidos no processo (*stakeholders*).
- Finanças pessoais completamente separadas das finanças da empresa.
- Oportunidades de desenvolvimento profissional para todos.

Há quinze anos, a revista *Pequenas Empresas, Grandes Negócios*, da Editora Globo, publicou uma matéria interessante com base na experiência de pequenos e médios empreendedores de norte a sul do Brasil. O título era "10 Pontos a Serem Respeitados para Quem Quer Vencer como Patrão".

Os dez pontos são aparentemente simples e dão apenas uma ideia do que deve ser levado em consideração por quem deseja se aventurar nos negócios. Se você for fiel aos seus propósitos e gerir o negócio de maneira profissional desde o início, evitará erros comuns e inadmissíveis em negócios.

A gestão do negócio começa com recomendações simples, portanto, concentre-se em cada uma delas e vá além. Elabore um plano de negócios para reduzir as chances de fracasso logo na primeira tentativa, embora as adversidades façam parte da vida de qualquer empreendedor bem-sucedido.

O segredo é que não há segredos. Mais de uma década depois, as recomendações continuam as mesmas. Os princípios básicos da boa gestão permanecem iguais há muito tempo, portanto, mais uma vez, não é necessário reinventar a roda. Avalie os pontos:

MUITA PESQUISA

Antes de mergulhar de cabeça em um empreendimento próprio, faça um levantamento minucioso do negócio, do mercado, da concorrência, do quanto você terá de investir e qual o capital de giro necessário para ele se sustentar no primeiro ano.

VISÃO GLOBAL

Saiba que uma das principais dificuldades de quem passa de empregado a patrão é conseguir olhar o negócio como um todo, e não apenas dominar a sua área como nos tempos de executivo.

BENEFÍCIOS

Não tente atrair bons profissionais para a sua equipe oferecendo os mesmos benefícios que as grandes empresas. Você fracassará. Apresente o básico e capitalize para outras vantagens típicas de pequenos negócios, como acesso livre ao dono e tomadas de decisões mais rápidas.

BONS HÁBITOS

Desenvolva boas práticas de gestão desde o primeiro dia. Trace previamente o perfil do tipo de líder que você deseja ser. Construa boas regras de convivência com a equipe. Seja um mentor e não um intimidador.

HORÁRIO DE TRABALHO

Ser o dono não significa trabalhar o quanto você quer e no horário que você bem entende. Conduzir uma empresa exige disciplina. Por isso, estabeleça horários para entrar e para sair, respeitando-os o mais que puder. Invadir fins de semana deve ser visto como exceção e não como regra.

DECISÕES RÁPIDAS

Jamais tenha medo de tomar decisões, nem crie o hábito de deixá-las para depois, com medo do resultado. Você se tornou empreendedor para dirigir sua própria empresa e não para depender dos outros para dar cada passo.

MÃO NA MASSA

Se você acredita que como empreendedor trabalhará menos do que nos tempos de empregado, desista. A rotina de patrão nos primeiros anos é dura e repleta de desafios.

EQUIPE

Não contrate uma equipe maior do que o seu borderô é capaz de suportar, pensando em dispensá-la, caso não possa pagá-la. Os primeiros funcionários serão a base sobre a qual você construirá o seu negócio.

RETIRADAS

Fuja da tentação de dar às suas retiradas o mesmo peso de seu salário como empregado. Até o negócio se solidificar, você, se tiver juízo, viverá como um monge franciscano: nada de luxos. Tudo o que ganhar deverá reinvestir na empresa.

CAPACITAÇÃO

A atualização deve ser diária, principalmente se você investir em um ramo não muito familiar à sua rotina. Promova meios para capacitar a equipe e você mesmo. Saber dirigir uma empresa com sucesso é uma arte dominada por poucos. Afinal, o pequeno negócio não terá a mesma estrutura da multinacional em que você estava acostumado a atuar.

Está mais tranquilo agora? Lembre-se: **se você espera algo de bom no futuro deve abrir mão de algo no presente**. É ótimo ter um bom padrão de vida, comprar coisas interessantes, andar bem vestido e aparentar uma vida próspera. O que não combina com o empreendedor consciente é ostentar uma vida de falsas aparências, portanto, não se deixe levar pelas ilusões do faturamento. Com uma gestão adequada do negócio, você entenderá que **faturamento ou receita não são sinônimos de lucro** e poderá administrar o negócio com sabedoria.

6
ATITUDES EMPREENDEDORAS

Neste capítulo você aprenderá a:
- Adotar atitudes empreendedoras em relação ao dinheiro;
- Adotar atitudes empreendedoras em relação aos colaboradores do seu negócio;
- Adotar atitudes empreendedoras em relação ao próprio negócio;
- Adotar atitudes empreendedoras em relação ao futuro;
- Adotar atitudes empreendedoras em relação ao país e à sociedade.

6.1 Em relação ao dinheiro

Há um ditado popular que diz o seguinte: "Quem trabalha não tem tempo de ganhar dinheiro", mas sou totalmente contra essa afirmação. A explicação para a contrariedade desse ditado é simples: quando fazemos aquilo que não gostamos, o trabalho representa uma carga pesada demais. Assim, começamos a reclamar de levantar cedo, dos pais que são chatos, da empresa que não nos reconhece, da pressão que vem de todos os lados, do patrão que só quer ganhar, de que nunca temos oportunidade na vida e outras coisas mais.

Tudo isso ocorre pelo simples fato de alguém não gostar do que faz, ou seja, a pessoa faz porque precisa do emprego. Quando não estamos preparados para ganhar dinheiro, isso realmente acontece, pois a vida parece boa somente quando fazemos aquilo que gostamos.

Eu demorei muito tempo para enxergar dessa forma, pois trabalhei durante trinta anos sem paixão pelo que fazia. Por conta do que os outros me diziam, que tal emprego era bom, seguro e tranquilo, ano a ano, nada acontecia em minha vida.

Um dia eu planejei me casar e não tinha dinheiro para comprar minha casa, nem mesmo para adquirir os móveis. Tinha apenas o carro, comprado através de consórcio, o qual eu continuei pagando, e fui morar com minha sogra.

Depois de casados, minha esposa e eu começamos a pensar no futuro, já que precisávamos de um lugar nosso para morar. Foi quando começamos a planejar a compra e foi também a primeira vez que começamos a sonhar com uma família, embora o sonho parecesse distante. A única coisa que eu pensava era quando e como eu conseguiria comprar a minha casa.

Com o sonho da casa própria em mente, eu e minha esposa começamos a fazer alguns negócios, como, por exemplo, comprar telefones e carros para depois revender. Percebi, então, que tinha alguns **dons preciosos** – o do **relacionamento** e o da **comunicação** –, e isso poderia me ajudar a conseguir várias coisas.

Foi assim que comecei com o primeiro e o mais importante passo do meu planejamento de vida. Passei a ter uma visão do que queria conseguir e comecei a perseguir esse sonho. Descobri que **nada pode segurar uma pessoa determinada a realizar um sonho na vida**.

Muitos anos se passaram até eu conseguir entender que o **dinheiro é mera consequência das coisas boas que você realiza através da sua vocação**, principalmente quando você sabe utilizar os dons que lhe foram dados de graça. Ao utilizar esses dons, fazemos o que gostamos e seguimos em frente. **O dinheiro é apenas o resultado do trabalho bem-feito e apaixonante**.

Digo tudo isso para que você, futuro empreendedor, reflita um pouco sobre o que quer da vida e da profissão, pois através disso conseguirá os resultados que tanto deseja.

É possível que entre seus sonhos, enquanto você ainda está na fase dos estudos, esteja a compra de um belo automóvel, sair com os amigos, frequentar baladas e conhecer pessoas da mesma idade. Talvez você ainda não esteja preocupado com esse papo de planejamento, profissão ou negócio. De fato, você é novo e talvez não seja o momento de pensar nisso, mas essa fase passará. Em breve, outra começará e, se não tomar cuidado, haverá sempre uma péssima desculpa para procrastinar, ou seja, empurrar o futuro com a barriga.

Depois de refletir um pouco sobre isso, está na hora de pensar em como você pode se tornar um empreendedor de sucesso para conseguir alcançar os resultados desejados e realizar todos os seus sonhos. Aqui começa nossa aventura em relação ao dinheiro.

Antes de prosseguir, deixe-me fazer uma pergunta que talvez nunca tenha sido feita: você conhece o princípio dos juros compostos? Se não conhece, pouco importa. Neste momento especial do livro, desejo compartilhar com você esse princípio escrito em forma de artigo há algum tempo.

O princípio dos Juros Compostos

Princípios são leis naturais e governantes, que independem de nossa aceitação, vontade e conhecimento. Eles agem sobre nós e às vezes nem percebemos.

Quero compartilhar com você um dos princípios fundamentais de nosso sucesso e conforto, o qual nos leva a pensar no futuro: **o princípio dos Juros Compostos.**

Muitas pessoas ao longo da vida vivem correndo atrás do dinheiro. Outras, que aprenderam e entenderam esse princípio, fazem com que o dinheiro corra atrás delas. Quando esse princípio é compreendido fica mais fácil.

Em seu livro A Execução Revolucionária, *Gary Harpst comenta sobre esse princípio: "O dinheiro é uma invenção relativamente recente que representa o fruto de nosso trabalho, nosso tempo, energia e aptidões. Ele é uma forma de armazenar o fruto de nosso trabalho e trocá-lo pelo fruto do trabalho dos outros. Meu argumento é simples: nós temos uma quantidade limitada de tempo e energia. Os juros compostos nos ensinam a pensar com cuidado sobre onde investir nosso tempo, e quanto investir".*

Este assunto é particularmente relevante na hora de considerar a implementação de um programa que transformará sua organização no que se refere à capacidade de execução de modo mais previsível. **Quanto você está disposto a investir?** *Quando eu digo organização, estou falando de todas as organizações, inclusive a sua, a* **Você Ltda.** *ou a* **Você S/A.**

Logo que comecei a pesquisar sobre o assunto, deparei-me com a seguinte frase de Albert Einstein: **"Os juros compostos são a maior descoberta matemática de todos os tempos".** *Isso veio de um homem que passou a vida toda explorando os segredos do cosmos e do mundo em que vivemos! Por que alguém que compreendia* *fatos científicos que estão além do que a maioria de nós consegue conceber era tão fascinado por juros compostos?*

A ideia por trás dos juros compostos é simples e pode ser resumida da seguinte forma: **eles são os juros sobre os juros.** *Exemplo: se hoje deposito R$100 com promessa de recebimento de 10% de juros ao ano, daqui a um ano terei R$100 mais R$10, ou seja, R$110; daqui a dois anos, R$121, e por aí vai. Juros compostos são apenas um método simples do crescimento geométrico encontrado facilmente na natureza. O bebê é concebido como uma única célula que, então, se divide em duas: essas duas, por sua vez, se dividem em quatro, e assim sucessivamente.*

A célebre obra Six Degrees of Separation *apresenta um conceito similar: tenho 10 amigos, cada um deles tem mais 10 amigos, cada um desses tem 10 amigos, e por aí vai. Depois de seis níveis, todos conhecem todos no mundo. Uma parábola que se costuma ouvir em aulas de estatística e investimentos mostra como são poucas as pessoas que realmente entendem esse princípio e ilustra os benefícios para aqueles que sabem fazer uso dele:*

> "Na Pérsia antiga, um rei governava seu vasto reino repleto de riquezas e poder, mas estava entediado. Seu grão-vizir (conselheiro) inventou, então, o jogo que hoje conhecemos como xadrez. O vizir mostrou ao rei seu recém-inventado jogo de estratégia e este ficou encantado com a distração. Ele ficou tão grato que disse ao vizir que poderia escolher qualquer recompensa pela invenção.
>
> O velho e sábio vizir sabia exatamente o que queria. Ele pediu humildemente ao rei que colocasse um grão de trigo na primeira casa do tabuleiro, dois grãos na segunda casa, quatro na terceira, oito na quarta e assim sucessivamente, sempre dobrando o número de grãos na casa seguinte até que cada um dos 64 quadrados do tabuleiro estivesse com o dobro de grãos de trigo da casa anterior. O vizir não desejava mais nada como recompensa, apenas isso. O rei ficou espantado com o pedido tão simples, já que os enormes celeiros reais estavam abarrotados de trigo, em razão da abundante colheita daquele ano.
>
> Ele ofereceu prêmios mais atraentes como ouro, pedras preciosas e até mesmo um palácio. No entanto, o grão-vizir recusou a generosidade do rei e ateve-se a seu pedido, ou seja, grãos de trigo nas casas do tabuleiro de xadrez.
>
> O rei finalmente acenou a cabeça em sinal de descrença e concedeu a inusitada recompensa ao vizir. Ele convocou o responsável pelo celeiro e mandou que colocasse os grãos de trigo nas casas do tabuleiro. No início, as pilhas eram pequenas. Mesmo depois de completar as oito casas da primeira fileira, apenas 255 grãos haviam sido empilhados no tabuleiro, o que não chegava nem a um punhado

de trigo. Contudo, as pilhas se tornavam cada vez maiores à medida que os empregados do celeiro traziam e contavam os grãos. Logo encheram todo o salão, embora o tabuleiro ainda estivesse com metade das casas vazias à espera do trigo. Finalmente, o rei percebeu que fora ludibriado por seu velho e arguto vizir, pois nem com todos os celeiros do reino ele seria capaz de cumprir sua promessa."

O rei se tornou vítima do poder da capitalização. Einstein compreendia esse poder; o vizir também. Mas será que nós o compreendemos?

Ao ensinar esses princípios aos jovens, costumo perguntar se eles conseguiriam economizar R$3 por dia dos 20 aos 80 anos, sendo essa a expectativa de vida média de um homem adulto. A maioria responde que sim, que isso não seria difícil. Em seguida, pergunto quanto eles acham que teriam no final desse período se investissem o dinheiro no mercado de ações, por exemplo. A maioria não sabe como começar a calcular. Sugiro então que arredondem a quantia para R$1000 por ano (R$3 x 365 = R$1.095) e multipliquem esse valor por 60 anos. Isso corresponde a um valor bruto investido de R$60 mil. Depois que se chega a esse valor, é possível calcular os juros (taxa de retorno) que incidirão sobre a quantia economizada durante o período.

O valor de R$3 por dia, capitalizado diariamente a uma taxa de juros de 11% ao longo de 60 anos (21.900 dias), renderia um total de R$7,3 milhões!

Como no caso do trigo e do tabuleiro de xadrez, o resultado é espantoso. Se você investe apenas R$60 mil durante 60 anos, como é possível que esse valor se converta em R$7,3 milhões? Ao longo dos anos descobri que **resultados espantosos (bons ou ruins) são um convite ao aprendizado,** *por vezes, um aprendizado e tanto!*

O princípio mais amplo e o sentido prático dessa discussão podem ser resumidos na seguinte frase: **as pequenas coisas da vida são relevantes.** *Isso significa também que* **fazer bem as pequenas coisas por um longo período tem um poder incomensurável.**

Espero que esse pequeno aprendizado possa mostrar o valor dos princípios em nossa vida. Se atropelarmos os princípios, teremos que pagar o preço, e talvez seja um preço muito alto.

O princípio dos Juros Compostos é um importante aprendizado na vida do empreendedor. Se não entender de finanças, como poderá entender de mercado, produto, cliente, metas, caixa, planejamento, lucro e demanda?

Tudo isso é louvável, mas para que todo esse "achismo" se materialize, algumas competências essenciais são conquistadas apenas com a maturidade, principalmente para quem deseja empreender. Portanto, vale a pena reforçar duas ideias: uma é **entender de negócios**; a outra é **entender de pessoas**. Domine ambas e você será bem-sucedido.

Tenho lido muitos livros que me ajudam a manter e alavancar meus negócios, e um deles me trouxe algumas lições que, ao longo desse capítulo, quero compartilhar com você. Trata-se da obra *O Homem Mais Rico da Babilônia*, de George S. Clason, cujo trecho a seguir tem tudo a ver com essa questão:

> Quando a juventude busca o conselho dos mais velhos, ela recebe a sabedoria dos anos. Muito frequentemente, porém, a juventude pensa que o idoso detém apenas a experiência dos dias que se foram e por isso não aproveita. Lembre-se que o Sol que brilha hoje é o Sol que brilhou quando seu pai nasceu e que continuará brilhando quando seu último neto tiver passado para o mundo dos mortos.

Outra lição que aprendi na vida é que **todo mundo precisa ser único naquilo que faz**. Se você pensar que é o melhor entrará na zona de conforto e achará que tudo gira em torno de você mesmo (o seu EU), mas nada é exatamente como você quer, portanto, uma das coisas mais importantes a fazer é transformar os seus sonhos em ações concretas ou propósitos.

> Meu conselho é: nunca inicie uma empreitada apenas para ficar rico. Faça o que ama e, se nesse processo você ficar rico, veja isso como um bônus.
> **JAMES DYSON** – designer britânico, criador do aspirador Ciclone Dyson

Em seu livro *Questões Fundamentais da Vida*, Roger e Rebecca Merrill escrevem sobre quatro aspectos com os quais devemos nos preocupar na vida: **trabalho, família, dinheiro** e **tempo**.

Com relação ao dinheiro, os autores afirmam que "as pessoas que sabem sobre ganhar juros ficam ricas e as que não entendem nada sobre a questão dos juros gastam dinheiro, ou seja, perdem muito dinheiro".

George Clason, por sua vez, ensina o seguinte: "Os pensamentos da juventude são luzes resplandecentes que brilham como meteoros que muitas vezes tornam o céu reluzente, mas a experiência dos mais velhos assemelha-

-se a estrelas fixas que, sem mudar de lugar, auxiliam o marinheiro a orientar o seu curso". E completa: "**Achei o caminho para a riqueza quando decidi que conservaria comigo uma parte de tudo que ganhasse**".

O que isso significa na prática? Se você comprar qualquer coisa, tem que pagar. Se, por exemplo, comprar um carro, deve pagá-lo; se comprar uma roupa, deve pagar por ela; se contratar um empregado, precisa pagar pelos seus serviços. A questão essencial é: **por que você não paga a si mesmo quando usa seus talentos?**

Dessa forma, se você quer investir em gado, não busque conselho de um vendedor de automóvel; se quer investir em ações, não busque conselhos de um padeiro. Se você quer abrir uma franquia, a pessoa mais indicada é um consultor de negócios ligado à franquias. Procure conselhos de pessoas que entendam do negócio no qual você está interessado. Você procuraria empresários falidos para obter conselhos sobre como prosperar nos negócios?

Tanto George Clason quanto Napoleon Hill, autor de *A Lei do Triunfo*, são unânimes em relação aos conselhos: "Conselho é uma coisa que se dá de graça, mas deve-se guardar consigo apenas o que lhe parecer valioso. Aquele que aceita conselhos sobre suas economias de pessoas inexperientes em tais matérias pagará com essas mesmas economias para provar a falsidade da opinião dos outros".

> **DICA IMPORTANTE:** Tome muito cuidado quando estiver buscando conselhos de pessoas alheias. Pessoas que não entendem de economia, dinheiro e negócios não são boas para dar conselhos. Quando se tratar de negócios, procure pessoas que conheçam o assunto e que já tenham passado por experiências semelhantes.

As pessoas em geral se lamentam pelo fato de não terem sorte. Sorte é uma questão muito relativa que depende de **talento, preparação e oportunidade**. Se você possui um talento natural e se prepara ao longo da vida adquirindo o máximo de conhecimento, a oportunidade é uma questão de tempo. Essas três variáveis combinadas produzem aquilo que as pessoas chamam de sorte.

As *cinco leis do ouro*, mencionadas por George Clason através do sábio Arkad, o homem mais rico da Babilônia, são princípios que deveriam ser ensinados em todas as escolas desde o ensino fundamental. Dinheiro também é uma questão de cultura e quando você adquire consciência financeira, a "deusa da boa sorte" estará sempre ao seu lado. Vejamos:

> ## AS CINCO LEIS DO OURO
>
> - O ouro (dinheiro) vem de bom grado e numa quantidade crescente para todos aqueles que separam não menos de um décimo (10%) de seus ganhos, a fim de criar um fundo (poupança) para o seu futuro e o de sua própria família.
> - O ouro (dinheiro) trabalha diligente e satisfatoriamente para todos aqueles que são prudentes (cautelosos) e que, possuindo-o, encontram para ele um emprego lucrativo (bens, aplicações, imóveis, etc.) multiplicando-o como os flocos de algodão no campo.
> - O ouro (dinheiro) busca a proteção do proprietário cauteloso que o investe de acordo com os conselhos de homens mais experimentados em seu manuseio (pessoas mais experientes com aplicações, uso dos recursos, etc. Exemplo: gerentes de bancos, investidores).
> - O ouro (dinheiro) foge do homem que o emprega em negócios ou propósitos com os quais não está familiarizado ou que não contam com a aprovação daqueles que sabem poupá-lo. Exemplo: se você não entende de ações, não queira aplicar o dinheiro nesse mercado sem antes consultar um especialista ou estudar o assunto.
> - O ouro (dinheiro) escapa ao homem que o encaminha para ganhos impossíveis ou que dá ouvidos aos conselhos enganosos de trapaceiros e fraudadores, ou que confia em sua própria inexperiência e desejos românticos na hora de investi-lo.

O que você fará com todas as informações que conseguiu até agora? Planejar o futuro, entrar em ação e começar a fazer a sua própria fortuna. Se você é um afortunado – que recebe ajuda dos pais para pagar a escola e tem tudo ao seu alcance – ou se tem que levantar cedo todos os dias para trabalhar e pagar os seus estudos, isso não faz tanta diferença. Como foi dito anteriormente, filho de rico continua sendo pobre enquanto não se fizer rico por si só. A única coisa que os dois devem ter em comum é a determinação para construir a própria história.

6.2 Em relação aos colaboradores

Depois de entender o primeiro princípio fundamental, vejamos o que é essencial em relação aos futuros **colaboradores** do empreendimento. Gosto mais da palavra **envolvidos**, além dos clientes, pois são aqueles que nos ajudam a atingir nossos objetivos mais rapidamente.

A juventude atual alimenta certa ansiedade para chegar à idade adulta; acha que já tem conhecimento para cuidar da própria vida; detesta ouvir os mais velhos, pois acredita que a experiência deles vem de uma época muito distinta e imagina que nunca passará pelo mesmo que eles.

Quando pensamos em colaboradores, podemos pensar em algumas coisas que contribuem para o sucesso, não apenas pessoas. Em seu livro *As 6 Decisões Mais Importantes que Você Vai Tomar na Vida*, Sean Covey destaca as decisões que você deve tomar enquanto ainda é jovem:

1. **Escola**: o que você fará em relação à sua instrução?
2. **Amigos**: que tipo de amigos escolherá e que tipo de amigo você será?
3. **Pais**: você terá um bom relacionamento com seus pais?
4. **Namoro e sexo**: com quem você se relacionará e o que fará a respeito da atividade sexual?
5. **Dependência química**: o que fará em relação a fumar, beber, usar drogas e outras substâncias?
6. **Autovalorização**: você optará por gostar de si?

Com base nas ideias de Covey, exploraremos uma das decisões mais importantes para o empreendedor: a vocação para o negócio. Sem essa descoberta, fica difícil apaixonar-se pelo empreendimento, visto que muitos negócios morrem ainda no primeiro ano de vida.

Na Era do Conhecimento, vimos que o empreendedor precisa de duas competências fundamentais: **saber gerir o negócio** e **saber gerir as pessoas**, porque a era atual privilegia a demanda e não mais o processo.

Quando se fala de demanda, três coisas são fundamentais: o **capital de giro** ou capital de investimento, os **clientes** e as **pessoas que colaboram com a sua empresa**. As pessoas envolvidas diretamente no negócio ou os seus colaboradores são chamados de **capital intelectual**. Essa simples denominação provoca um impacto enorme na forma de conduzir o negócio e obter o comprometimento dos colaboradores.

Quando falamos de educação, algo que está intimamente ligado ao conhecimento, falamos também da vocação, dos talentos e das qualidades mínimas necessárias para o sucesso em determinado empreendimento. Isso é o que gera paixão pelo negócio, portanto, estudar muito, saber quais são os seus talentos e aproveitar as suas qualidades faz toda diferença na busca do sucesso.

Imagine um médico que não gosta do que faz, atende mal os clientes e está sempre de mau humor. Sabendo disso, você iria consultá-lo? Claro que não, pois, além de não ser apaixonado pela profissão, estaria desatualizado em relação às suas atividades. Você quer o melhor ou não quer? **O melhor será sempre aquele que transmite mais confiança por sua experiência na área e sua dedicação ao aperfeiçoamento**.

Por que razão as pessoas que adoram o que fazem, seja no esporte, na educação, na tecnologia ou em tantos outros negócios destacam-se em seu ramo de atividade? **Elas simplesmente amam o que fazem** e estão sempre em busca de novos conhecimentos, novas formas de se atualizarem e novas formas de inovarem, ou seja, elas estão sempre na vanguarda dos negócios e das coisas que lhe dizem respeito.

Com relação às pessoas de mais idade ou mais experiência, você pode consultá-las para obter informações e conselhos úteis na profissão que escolheu, afinal, elas já passaram por todas as dificuldades iniciais. Apesar de viver em uma época diferente, com todas as facilidades da tecnologia, não significa que a vida será maravilhosa, portanto, nada melhor que aprender um pouco com a experiência dos mais velhos.

Segundo Covey, a escola, em qualquer estágio da vida, tem influência sobre nós. Assim como essa instituição, o "conhecimento" e a "educação" são determinantes para o nosso futuro e também têm papel decisivo na caminhada de um empreendedor.

Conhecimento é o ato ou efeito de abstrair **uma ideia ou a noção de alguma coisa**. Exemplo: conhecimento das leis; conhecimento de um fato (obter informação); conhecimento de um documento; termo de recibo ou nota em que se declara o aceite de um produto ou serviço; saber; instrução ou cabedal científico (homem com grande conhecimento).

Temos ainda a definição clássica de conhecimento, originada a partir dos ensinamentos de Platão, filósofo da Grécia Antiga, que consiste em uma **crença verdadeira e justificada**. Aristóteles, discípulo de Platão, dividiu o conhecimento em três áreas distintas: **científica, prática e técnica**.

A palavra **"educação" engloba os processos de ensinar e aprender**. É um fenômeno observado em todas as sociedades e nos grupos que as constituem, sendo responsável pela manutenção e perpetuação dos modos culturais de ser, pensar e agir necessários à convivência e ao ajustamento de um membro em seu grupo ou sociedade, a partir da transferência de costumes às gerações que se seguem.

A educação é exercida nos diversos espaços de convívio social, seja para a adequação do indivíduo à sociedade, do indivíduo ao grupo ou dos grupos à sociedade. Nesse sentido, a educação coincide com os conceitos de socialização e endoculturação, mas não se resume apenas a isso.

Conhecimento e **educação** implicam em questões fundamentais para o empreendedor que necessita de novas tecnologias e novas formas de administrar o empreendimento. Portanto, **aprender e vivenciar o aprendizado são coisas vitais no mundo dos negócios**.

Quantas vezes você já discutiu com os seus pais para não ir à escola? Na juventude, ir à escola significa mais um encontro com amigos do que, na verdade, um encontro com seu futuro, portanto, deixe-me contar uma história sobre um professor que ensinava o seguinte: **quem se dá bem na vida é quem aprende e coloca em prática o aprendizado**.

Mais tarde, nos meus tempos de MBA (Master of Business Administration), o professor de uma determinada disciplina entrou na sala e disparou:

> Eu não costumo aplicar prova para verificar o conhecimento dos alunos, mas divido a classe em equipes e, durante as aulas, conforme os trabalhos são aplicados, vou avaliando o andamento das equipes. Ao final da disciplina dou a nota para todos os participantes. Os critérios são os seguintes: em primeiro lugar, participação nos trabalhos realizados em sala de aula; em segundo, as pesquisas feitas pela equipe; em terceiro, a apresentação dos trabalhos feitos em equipe.
> Entretanto, quero alertar sobre um problema que acontece todos os anos. Toda equipe tem um "bobo" que estuda, pesquisa, faz os trabalhos e ainda os apresenta, e todo o grupo tira nota máxima. Esse tipo de comportamento gera uma situação muito conhecida no mercado de trabalho. Quando o curso termina, sabe quem se dá bem no mercado aí fora? O "bobo", pois foi o único que adquiriu o conhecimento, estudou, pesquisou, colocou em prática e apresentou. Portanto, não se preocupe em ser o "bobo". Você sairá na frente dos demais.

Depois que o professor terminou de falar, um filme passou na minha cabeça. Quando eu era jovem e ainda estava na escola, considerava muitos colegas verdadeiros gênios e ao mesmo tempo achava aquilo uma grande bobagem. O tempo passou, eu continuei estudando e hoje me considero uma pessoa de sucesso, mas para chegar até aqui não foi nada fácil. Então, pensei comigo: por onde andam aqueles gênios do meu tempo?

Consegui encontrar alguns e hoje sei o quanto os estudos valeram para eles, pois muitos estão trabalhando como empresários ou estão em universidades fazendo o que gostam e com um enorme diferencial: todos são bem-sucedidos, têm dinheiro, fama e poder para escolher o que fazer. **Isso é o que significam sucesso, liberdade e autonomia: escolher o que você deseja na vida**.

Essa pequena história traz à tona a grande oportunidade que você está tendo agora, a de aproveitar esse tempo em prol de coisas boas que vão definir o seu futuro. O tempo é uma coisa incrível que passa e você nem percebe. Quando se dá conta, é tarde demais.

Outra questão importante em sua vida, tanto na área pessoal como na profissional, são os relacionamentos. Independentemente do seu *networking*, já abordado em capítulos anteriores, **todas as atividades humanas demandam um bom relacionamento pessoal ou interpessoal**.

Quando você vai à escola e estabelece relacionamentos com professores, diretores, funcionários, amigos, colegas de classe ou mesmo quando você lê um livro em que o autor expõe suas ideias e você se identifica com elas, verá que o mesmo assunto pode ser interpretado sob pontos de vista diferentes.

Isso não impede que você estabeleça relações de amizade e de companheirismo com quem quer que seja. Algo que contribui sobremaneira para o crescimento pessoal e profissional do ser humano é a capacidade de absorver ideias alheias sem abrir mão das suas. Seus amigos compreendem isso muito bem.

Amigos são tesouros que você encontra na vida. Nos momentos mais difíceis, eles nos dão ideias e ajudam a compor nossos sonhos. Amigos fazem parte da nossa família, já que as relações de amizade nos acompanham desde criança. Às vezes, nossos amigos alimentam um sonho parecido e acabam se tornando nossos sócios em futuros empreendimentos.

O grande segredo dos negócios consiste no excelente relacionamento interpessoal que você consegue estabelecer no meio em que vive e trabalha. Como foi dito há pouco, **boa parte do sucesso dependerá muito do seu relacionamento e os amigos são fundamentais nesse processo**.

Além dos seus amigos, acredite ou não, **os maiores colaboradores do seu sucesso serão os seus pais**. A despeito de tudo o que você discorda deles, eles sempre se preocupam com o bem-estar dos filhos, embora, na maioria das vezes, forcem a barra quando querem escolher a sua profissão. Mas nada que uma conversa franca e amigável não possa resolver. Assim mesmo, é importante dar ouvidos aos pais, pois eles já enfrentaram todo tipo de problema e têm experiência suficiente para ajudá-lo a consolidar sua escolha.

Então, como aproveitar essa experiência? Em primeiro lugar, antes de julgar seus conselhos, você precisa considerar a sua trajetória de vida e entender como eles conseguiram chegar onde chegaram. A maioria dos pais é ou foi empregado em diferentes segmentos da indústria, comércio, educação e serviços, entre outras atividades. Outros são empresários experientes que empregam pessoas e fazem negócios. Além de mostrar como realizar seus sonhos, suas histórias são verdadeiras lições de vida.

A trajetória dos seus pais ocorreu numa época totalmente diferente da sua, portanto, eles não tinham *notebooks* nem celulares, iPad, iPhone, videogames e outros aparatos eletrônicos. Seus pais são filhos da Revolução Industrial e você é filho da Era do Conhecimento. Ouvir sobre a trajetória de vida deles pode te ajudar muito sobre o que fazer e o que não fazer em relação ao negócio que você quer construir. Até onde for possível, seu pais o ajudarão a enxergar as oportunidades que você ainda não consegue.

Em relação ao **namoro, sexo** e **dependência química**, penso que vocês já possuem informação suficiente sobre isso. Quero lembrá-lo apenas que, se você optar por ser um empreendedor na área social, existem muitas oportunidades para trabalhar em **ONG**s (Organizações Não Governamentais) e em **OSICP**s (Organizações Sociais de Interesse Civil e Público). Um trabalho nessa área pode projetá-lo no cenário nacional e, por que não, no internacional como alguém preocupado com as questões fundamentais da nossa sociedade, tão importantes para a melhoria da vida humana.

No meu caso, por exemplo, faço parte de uma OSCIP denominada IMTEF (Instituto Meus Tostões de Educação Financeira), que ensina crianças, adolescentes e instituições a lidar com finanças. Sem o dinheiro necessário, o empreendedor sofre para realizar o seu sonho, portanto, educação financeira e consciência do dinheiro são atributos importantes. Nesse caso, o lado social representa uma excelente oportunidade para empreender e ajudar as pessoas menos favorecidas.

Para se tornar um empreendedor de verdade, além das competências de negócio, é preciso **credibilidade pessoal e interpessoal**. Em relação à credibilidade pessoal, se você não acredita em si mesmo, quem poderá acreditar? A sua credibilidade pessoal afetará a sua credibilidade interpessoal no mercado.

Você, e mais ninguém, precisa acreditar nas suas reais possibilidades de sucesso, na sua vocação, nos seus sonhos. O mundo dirá que isso é loucura e serão poucos os que vão ajudá-lo a escalar a montanha. Dessa forma, autoestima, fé, autoconfiança e autoconhecimento são valores imprescindíveis para conquistar a autovalorização, uma competência indestrutível quando você sabe onde quer chegar e tem noção de quão importante isto é para você.

Com relação aos **colaboradores diretos**, ou seja, aos funcionários que farão parte do seu futuro negócio: jamais ignore a importância das pessoas, independente do empreendimento que deseja montar. Henry Ford sabia disso e criou um império.

Lembre-se:

1. Colaboradores **necessitam dos líderes seniores para inspiração, visão e comprometimento**, portanto, seu papel como empreendedor é fundamental no processo. Valorize as pessoas que fazem parte do negócio e as coisas acontecerão naturalmente.
2. Empregados **querem dar mais de si**, mas também querem uma **visão mais clara do que receberão** por isso. Isso se chama "**relação ganha-ganha**". Faça com que as pessoas cresçam junto com o negócio, assim como fizeram Bill Gates e Steve Jobs.
3. Empregados **querem trabalhar para uma empresa que é vista como líder**. A empresa em que você gostaria de trabalhar pode servir de

modelo para você construir a sua, mas somente a dedicação e o tempo poderão transformar o seu sonho em referência de mercado.

6.3 Em relação ao negócio

O mundo dos negócios depende de bons relacionamentos com todos os segmentos da sociedade: bancos, clientes, governo, meio ambiente, fornecedores, família, escolas, faculdades e universidades, entidades ligadas às empresas, tal como as Associações Comerciais e Entidades de Classes como FIESP, Câmaras de Comércio, Sindicatos e Cooperativas. Isso significa que, no mundo globalizado, não existem mais fronteiras entre pessoas, empresas e organizações.

Existe um ditado antigo que continua muito atual para qualquer negócio: "**o olho do dono é que engorda o gado**". É provável que você já tenha ouvido falar nisso. Na prática, significa dizer que serão necessárias muitas competências para consolidar um empreendimento. Duas competências, que eu chamo de **competências-mãe**, são o centro de todas as outras, e vão ajudá-lo a construir um comportamento empreendedor: ser um **verdadeiro gestor de negócios** e um **verdadeiro gestor de pessoas.**

Ser um **gestor de negócios** abrange conhecer a fundo as exigências do mercado em que você atua e procurar atendê-las sem comprometer o negócio. Nesse sentido, o empreendedor deve se familiarizar com um termo que o mercado chama de **demanda**, o qual se apresenta em duas facetas: a primeira é a **prospecção**, e a segunda, a **retenção** dos clientes.

Com relação à primeira, é necessário ter a noção exata do tamanho do mercado em que você pretende atuar, além de saber como impactar o seu cliente, para depois pensar na segunda. Vender um produto é fácil. Manter o cliente fiel a ele não é tão simples assim. Mais do que embalagem atraente, prazo de pagamento e preço competitivo, é necessário encantar o cliente e mostrar de fato por que ele deve continuar comprando de você.

Ser um **gestor de pessoas** é um desafio. Não basta entender de negócios sem poder contar com os melhores profissionais, com conhecimento apurado dos seus produtos e serviços além de comprometidos com a sua causa. Lidar com pessoas é uma arte dominada por poucos empreendedores, portanto, não se descuide da gestão de pessoas, uma vez que ela está ligada a uma fórmula de sucesso no mercado competitivo em que vivemos: **Valor = Cliente + Capital Intelectual.** O foco a partir de agora é o cliente.

Uma das atitudes empreendedoras diz respeito ao acompanhamento dos resultados. Quando você acompanha os resultados diariamente, as possibilidades de sucesso são maiores. Essa é uma pergunta que o grande guru dos negócios Ram Charan, autor de vários livros na área de gestão e liderança, sempre nos faz: **de onde vêm os seus resultados?** Vou exemplificar com o mesmo raciocínio que o próprio Charan defende em suas conferências pelo mundo inteiro:

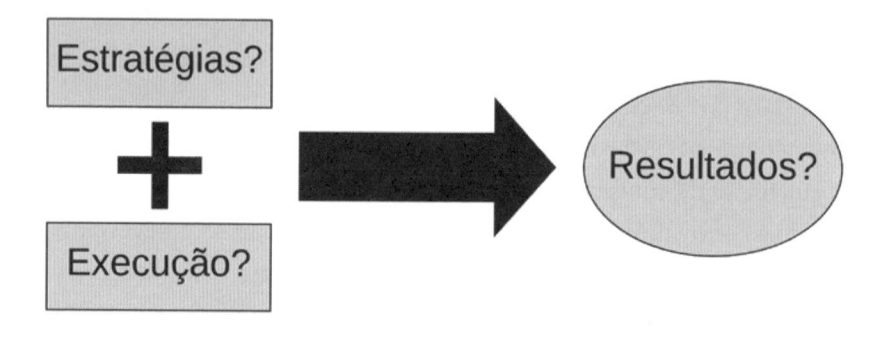

> Estratégias? + Execução? → Resultados?

Tanto a **estratégia** quanto a **execução** são **atitudes empreendedoras** e cada uma delas deve ser aplicada em separado. Apenas para relembrar: a estratégia vem primeiro e diz respeito à visão, à missão, aos valores, às metas e aos objetivos, ao plano de ação, ao posicionamento no mercado e às suas vantagens competitivas. De onde vêm as estratégias? Elas devem estar conectadas ao seu plano de negócio, de forma que a execução venha das suas habilidades ou competências para colocar as estratégias em prática.

De acordo com Robert Kaplan e David Norton, idealizadores do BSC – *Balanced Scorecard*, ferramenta criada para desenvolvimento do planejamento estratégico –, mais de 80% dos planejamentos realizados pelas empresas não dão certo. Por que isso acontece? As empresas dispõem de poucos profissionais com competências específicas para executar o plano, portanto, **tão importante quanto o planejamento é a execução da estratégia.**

Sonhar é mais fácil do que realizar. Colocar no papel é mais fácil do que colocar a ideia em prática, portanto, preocupe-se com duas coisas importantes: **o querer (estratégia) e o fazer (execução)**. Uma não vive sem a outra.

Gary Harpst define os pontos de atenção que todo empreendedor deve levar em consideração. Eles representam a soma da **ESTRATÉGIA + EXECUÇÃO**. Vejamos:

1. **Definir o que é importante** (Elaborar a estratégia)
2. **Estabelecer metas orientadoras** (Planejar)
3. **Alinhar sistemas** (Organizar)
4. **Pôr o plano em prática** (Executar)
5. **Inovar com propósito** (Inovação)
6. **Parar e refletir** (Aprender)

Para fechar esse bloco, onde reunimos **Propósito, Plano de Negócio, Estratégia e Execução**, vale destacar algumas atitudes empreendedoras adotadas por grandes empresas brasileiras. Talvez você não consiga aplicá-las de uma só vez, mas de agora em diante você já sabe o caminho, portanto, não pode se queixar de nunca ter sido orientado a respeito.

> **DICA IMPORTANTE**: informação e conhecimento devem aparecer seguidamente em sua vida, entretanto, atitudes empreendedoras – iniciativa, decisão, ação, persistência, etc. – dependerão muito mais do seu comportamento empreendedor do que da leitura pura e simples de qualquer coisa que diga respeito ao seu empreendimento. Pense nisso!

A revista *HSM Management*, edição 80, publicou o segredo mais valioso da AB InBev: uma inovadora **gestão por princípios**. Como a AB InBev é um exemplo de sucesso no Brasil e no exterior, sentimos orgulho em publicar uma filosofia de negócios eficaz e interessante para que você adquira uma **consciência empreendedora**.

Não estou afirmando que a AB InBev é a melhor empresa do mundo, mas, em meio a tantas organizações gigantes que admiramos e nem brasileiras são, a filosofia adotada por ela é digna de ser lida e relida por todos aqueles que aspiram sucesso no mundo dos negócios.

Sonhos (grandes), **pessoas** (excelentes) e **cultura** (forte) constituem o tripé em torno do qual se desenvolveram os dez **princípios de gestão** da AB InBev, não de cima para baixo, e sim da prática cotidiana para o papel. Isso significa que, em primeiro lugar, a empresa deve praticar tudo isso a fim de garantir uma gestão eficaz, sustentável e diferenciada dos concorrentes. Em segundo, a empresa deve divulgar os seus resultados. É a consolidação do sucesso.

OS DEZ PRINCÍPIOS DE GESTÃO DA AB INBEV

- Trabalhar juntos, unindo as pessoas por um mundo melhor.
- Pessoas excelentes, livres para crescer no ritmo de seu talento e recompensadas adequadamente são nosso ativo mais valioso.
- Devemos selecionar indivíduos que possam ser melhores do que nós. Seremos avaliados pela qualidade de nossas equipes.
- Nunca estamos plenamente satisfeitos com nossos resultados. É essa recusa em se acomodar à situação atual que nos garante vantagem competitiva duradoura.
- Resultados são a força motriz da empresa. O foco nos resultados nos permite concentrar tempo e energia no que é essencial.
- Somos todos donos da empresa. E um dono assume a responsabilidade pelos resultados pessoalmente.
- Acreditamos que bom senso e simplicidade são melhores que complexidade e sofisticação.
- Gerenciamos nossos custos rigorosamente, a fim de liberar recursos que ajudarão a aumentar o faturamento.
- A liderança pelo exemplo pessoal é o melhor guia para nossa cultura. Fazemos o que dizemos.
- Não tomamos atalhos. Integridade, trabalho duro e consistência são o cimento que pavimenta nossa empresa.

Não é isso que discutimos desde o início do livro? Na prática, não existe fórmula ideal para o sucesso, existe uma combinação de competências técnicas e comportamentais que o empreendedor deve desenvolver. A capacitação para as **competências técnicas** acaba sendo uma tarefa mais fácil, pois a maioria dos treinamentos disponíveis tem como foco essa perspectiva de desenvolvimento: qualificar as pessoas tecnicamente.

Um pré-requisito imprescindível para o sucesso é que o empreendedor seja tecnicamente capaz no que faz. **Conhecer bem o negócio tecnicamente é**, no mínimo, **obrigatório**. O maior diferencial competitivo do empreendedor está na gestão das suas competências comportamentais. Técnica aprende-se com cursos, palestras, livros e artigos, mas **ajustar o comportamento é algo que demanda tempo e autoconhecimento**.

Quer construir um empreendimento de sucesso? Você tem a vida toda pela frente e uma série de obstáculos a serem superados. Talvez o maior deles seja superar a própria capacidade de deixar para amanhã o que você pode fazer hoje, portanto, não hesite. **Tomar decisões também** é uma atitude empreendedora.

6.4 Em relação ao futuro

Conhece o ditado "Deus ajuda quem cedo madruga"? Existe há milhares de anos e continua muito verdadeiro. No mundo dos negócios, significa dizer o seguinte: **acorde cedo, ponha a cabeça para funcionar, reclame menos e não perca o objetivo de vista**.

O futuro é uma incógnita e muita gente alega que ele depende de Deus, mas eu penso que não. Sabe por quê? Deus nos deu uma imensa responsabilidade como seres humanos: cuidar do planeta através de um princípio chamado *livre-arbítrio*. Assim, temos o poder e a liberdade de escolher nosso futuro, portanto, não podemos simplesmente deixar a vida nos levar. Se isso acontecer, a vida o levará a caminhos que você talvez não queira no futuro.

Gosto muito de um trecho da história de *Alice no País das Maravilhas*, citado no momento em que ela deve escolher um caminho e se depara com quatro possibilidades. Indecisa, Alice pergunta ao Gato de Cheshire: "Qual o melhor caminho a seguir?". Do alto de uma árvore, o gato responde: "Depende de para onde você deseja ir". Alice diz que não sabe, ao que o gato replica: "Se você não sabe para onde ir, então não importa o caminho a seguir".

Esta fábula contém três ensinamentos básicos que vão muito além do que está escrito no livro:

- Quem não sabe onde quer chegar ainda não tem um verdadeiro propósito de vida e, sem isso, fica à mercê da opinião alheia.
- Sem um propósito de vida é praticamente impossível descobrir e estabelecer objetivos e metas importantes, tanto na vida pessoal quanto na vida profissional.

- Sem metas não existe planejamento, e quem não planeja passa a vida esperando um futuro que nunca chega, em que nada acontece a não ser a inércia que toma conta da sua vida.

O conceito utilizado por Santo Agostinho com relação ao uso produtivo do tempo é fantástico: **alguém me paga pelo meu tempo**, isto é, pelo meu **tempo produtivo**. Negócios produtivos demandam o uso produtivo do tempo, portanto, pense nisso como um investimento a longo prazo.

O futuro exige atitude positiva de sua parte. **Uma atitude positiva não tem nada a ver com o que acontece na sua vida, mas o que você faz com o que acontece com você e como você reage a isso**, portanto, procure sempre olhar o lado positivo das coisas.

Durante a fase da infância e adolescência somos contaminados, de forma involuntária, por milhares de "nãos". Podemos pegar o carro? Não. Podemos sair agora? Não. Podemos comprar sorvete? Não. Podemos ligar a TV? Não. Podemos entrar na internet? Não. Portanto, não é estranho que as pessoas sintam enorme insegurança na hora de decidir algo que afetará o seu futuro para sempre.

De acordo com Jeffrey Gitomer, autor do *best-seller O Livro de Ouro da Atitude YES*, **a boa notícia é que, quanto mais você trabalha sua atitude, menos vulnerável fica ao aspecto negativo dela.** Muito interessante!

Isso quer dizer que quando você muda o vocabulário, muda também o seu futuro, pois as palavras, o pensamento positivo e a visualização das coisas boas que podem acontecer influenciam diretamente o seu subconsciente e, por sua vez, o comportamento em relação ao que você espera do futuro.

Se uma atitude positiva é a base de tudo, você pode mudá-la a partir de agora enquanto está tentando encontrar um caminho diferente em direção ao futuro promissor que o espera. Como diz o próprio Gitomer:

- É seu humor quando você se levanta;
- É seu humor quando você entra no banheiro pela manhã e se olha no espelho;
- É seu humor quando você fala com seus pais;
- É seu humor quando você fala com seus irmãos;

- É seu humor quando você vai para o trabalho;
- É seu humor quando você chega ao trabalho;
- É seu humor quando você fala com seus colegas no trabalho;
- É seu humor quando você fala com seu chefe;
- É seu humor quando você fala com seus clientes;
- É seu humor quando você fala com seus amigos;
- É seu humor quando você fala com seus professores;
- É seu humor quando você fala com seus vizinhos.

Uma maneira simples de **mudar a atitude e conquistar o respeito** dos adultos, dentro ou fora de casa, é começar a **praticar aquilo que você diz**. Se você diz para todo o mundo que é uma pessoa comprometida, legal, otimista e que pensa no futuro, não pode agir diferente. Mais tarde, descobrirá que isso tem o nome de "integridade". **Atitudes positivas atraem e contagiam as pessoas** que podem ajudá-lo a construir uma carreira brilhante.

Por diversas vezes, você se deparará com conversas do tipo "sou muito jovem para pensar no futuro", mas o futuro é frio e insensível. Na prática, ele não espera as pessoas amadurecerem. Ele segue o seu próprio curso. **Os que alcançam sucesso na vida são aqueles que conseguem enxergá-lo claramente e buscam se preparar para conquistá-lo.**

CHRISTIAN BARBOSA E A TRÍADE DO TEMPO

Tenho um amigo que se diz um *nerd*, e vive repetindo o tempo todo que o mundo atual é dos *nerds*. Entretanto, muitas pessoas rotuladas com esse adjetivo têm vergonha de serem chamadas assim.

Como ele não tem vergonha de ser chamado de *nerd*, conseguiu encontrar um nicho de mercado, arregaçou as mangas, moldou o próprio caminho e já é uma pessoa de sucesso naquilo que se propõe a fazer, um visionário, por assim dizer, apesar da pouca idade.

Por ser meu amigo de longa data, sinto o maior orgulho de citá-lo neste livro, pois ele é o tipo de empreendedor que o Brasil precisa, cheio de sonhos, determinado, ousado, um estudioso do tempo produtivo e de suas consequências benéficas para o ser humano.

Este amigo é o Christian Barbosa, idealizador da **Tríade do Tempo**, uma metodologia muito interessante e eficaz concebida para ajudar as pessoas a tornarem o tempo mais produtivo e alinhado com os seus objetivos de vida.

Quer saber um pouco mais sobre isso? Visite o *site* da empresa criada por ele e garanto que valerá a pena. O tempo é um bem precioso que poucos sabem aproveitar.

O futuro chega tão rápido e quando pensamos em fazer alguma coisa não dá tempo de fazer mais nada, portanto, o futuro começa quando você começa a se preparar. **Uma atitude empreendedora em relação ao futuro** é não desperdiçar o tempo que você ainda tem pela frente. Já fizemos essa conta em número de dias no início do livro, lembra? É muito e ao mesmo tempo é pouco, mas com o mínimo de planejamento e disciplina é possível ir longe.

Quando se trata de futuro, o melhor remédio é a prevenção. Tornar-se um jovem consciente demanda tempo para pensar, tempo para amadurecer e tempo para planejar. O mais legal de tudo isso é que você não precisa abrir mão das coisas de que gosta – amigos, família, passeios, internet, etc. – para conseguir o que deseja. Basta dedicar alguns minutos do seu dia ou da semana para adquirir o que eu chamo de **consciência em relação ao tempo e ao dinheiro** a fim de evitar o desperdício de energia.

No primeiro capítulo, quando iniciamos o livro estimulando você a pensar no futuro, deixamos alguns exercícios simples para ajudá-lo a cumprir sua tarefa. Nesse sentido, seja determinado e faça diferente: **pratique os exercícios e destaque-se na multidão**. Desperdiçar o tempo com bobagens e justificativas sem fundamento é desperdiçar o futuro brilhante que está em suas mãos.

Atitudes empreendedoras em relação ao futuro requerem filosofia de vida alinhada com os seus objetivos de vida. O que isso quer dizer? Se você quer ser um profissional de sucesso ou um empreendedor de sucesso no futuro, comece a se comportar como tal.

Na prática, decida o quanto antes o que está disposto a fazer e coloque em prática a sua veia empreendedora. **Todo mundo é um empreendedor de si mesmo.** Aqui estão algumas atitudes empreendedoras em relação ao futuro:

- **Crie o seu próprio ambiente**: um local em que se sinta bem, em paz consigo mesmo, que estimule a leitura e o aprendizado.
- **Comece a trabalhar no seu plano definitivo de vida**: não precisa de método, apenas de disciplina; se você escrever um pouco por dia, em alguns meses terá uma boa ideia do que fazer nos próximos cinquenta anos.
- **Leia livros interessantes**: livros que animam o início do dia, que acrescentam valor à sua vida, que ajudam a encontrar o caminho, que levam você a lugares distantes.

- **Estabeleça um padrão de pensamento positivo**: evite usar palavrões, expressões negativas. Reclame menos, procure enxergar sempre o lado positivo das coisas, decida levantar animado pela manhã.
- **Converse com pessoas interessantes**: aproxime-se de pessoas que já alcançaram o sucesso que você deseja e aprenda com elas.

6.5 Em relação ao país e à sociedade

Vivemos num país repleto de oportunidades em todos os segmentos da economia: indústria, comércio e serviços. É possível escolher um curso técnico ou superior e especializar-se na área com a qual você se identifica e que concluiu ser a melhor para levar adiante o seu projeto de vida.

Apesar de todos possuírem o direito a uma vida confortável, uma chance no mercado de trabalho e um lugar na sociedade, as desigualdades sociais ainda estão presentes em todas as regiões do país. Você pode morar num apartamento ou numa casa com todo conforto conquistado por uma família de classe média ou alta, porém, ao lado pode existir uma favela, onde as pessoas sobrevivem com sacrifício e lutam para ter ao menos uma refeição por dia.

Como futuro empreendedor, é importante estar atento aos problemas que afetam a sociedade e às necessidades do seu povo para contribuir com suas ideias e seu dinheiro, a fim de amenizar o sofrimento alheio. Com o tempo e a experiência, você aprenderá que responsabilidade social independe da idade, e quanto mais cedo adquirir consciência sobre isso, mais contribuições poderá dar.

No capítulo 5, quando falamos de vantagens competitivas, abordamos o **sentido de contribuição** como uma competência essencial a ser conquistada pelo empreendedor do futuro. Se a sua vontade é ganhar dinheiro, ótimo, mas não se esqueça que a vida nem sempre é justa e generosa com todos, por várias razões abordadas durante a leitura do livro.

O país do futuro está sendo construído pelos jovens de hoje. Não importa a geração da qual você faz parte ou a época em que vive. Como cidadão consciente dos problemas sociais, seja como empresário, pai de família, político ou estudante, o seu papel é fundamental no processo de construção de uma sociedade melhor e mais justa.

Mais do que ganhar dinheiro, haverá o dia em que você, como cidadão e profissional bem-sucedido, será um modelo a ser seguido por outros milhares de jovens, incluindo seus filhos, portanto, suas ações devem ser coerentes com o verdadeiro sentido de contribuição. **O que você será no futuro, aliado às suas contribuições para um mundo melhor, é o que chamamos de legado.** O seu legado será formado pelos seus exemplos e por tudo o que você representa para a sociedade e para o país onde mora e trabalha.

Um legado pressupõe o cumprimento de responsabilidades (obrigações) ao longo do caminho. Vejamos:

- **Responsabilidade perante a família**: contribuir com o seu sustento, voltar são e salvo para casa, educar os filhos, equilibrar o tempo entre família e trabalho, promover o diálogo e a confraternização familiar.
- **Responsabilidade perante a sociedade**: gerenciar a empresa com base em princípios e valores sólidos, de maneira ética e sustentável; contribuir para a criação de empregos e a geração de renda sem comprometer o meio ambiente; respeitar a diversidade.
- **Responsabilidade perante os empregados**: respeitar os direitos dos empregados; criar boas condições de trabalho; pagar os salários em dia; valorizar e estimular o desenvolvimento profissional; propiciar ambiente de trabalho agradável.
- **Responsabilidade perante o governo**: recolher os impostos devidos; cumprir as normas e políticas relativas ao seu segmento de atuação; ser transparente nas informações.
- **Responsabilidade perante os clientes**: estabelecer políticas claras de negociação; manter a qualidade de produtos e serviços oferecidos; respeitar os direitos do consumidor; manter um clima de cordialidade no ponto de venda.
- **Responsabilidade perante si mesmo**: ter consciência do seu papel como empreendedor, membro de uma família e cidadão; reservar tempo para si mesmo; aperfeiçoar-se com frequência; cuidar da saúde e do seu bem-estar.

Sabemos que é difícil conciliar tudo isso, mas temos obrigação de dividir uma preocupação que nunca tiveram conosco no passado: a de saber **balancear a vida pessoal e a profissional**. Quando há desequilíbrio, ou seja, quando você prioriza uma área mais do que a outra, acaba pagando um preço alto por isso, muitas vezes com a própria saúde.

Quem cuidará da sua empresa, pagará as suas contas e tranquilizará seus empregados no dia em que você tiver uma crise nervosa e for direto para o hospital? **Tudo na vida requer equilíbrio e discernimento**.

Em seu livro *Empreendedorismo 360º: A Prática na Prática*, meu amigo Jerônimo Mendes afirma que o **século 21** será conhecido como o século ou a **Era da Responsabilidade Social**: "Não há mais como desprezar o fato de que as empresas serão cada vez mais cobradas, admiradas ou ignoradas, de acordo com o seu grau de comprometimento com as causas sociais mais urgentes da nossa sociedade".

Ao mesmo tempo, você deve estar se perguntando como é possível, para um pequeno empreendedor, adotar uma causa e assumir uma postura socialmente responsável diante das dificuldades enfrentadas no estágio inicial das empresas: falta de capital de giro, elevada carga tributária e falta de credibilidade, tão comuns nos primeiros anos de atividade.

Essa preocupação tem lógica, mas leve em consideração que é possível agir de maneira socialmente responsável em três dimensões: **social, econômica e ambiental**. A isso damos o nome de **consciência integral** ou de **pensamento sistêmico**.

As suas ações, como empreendedor ou empresário, **afetam o ambiente social** (pessoas, impacto na sociedade), o **econômico** (renda, emprego, impostos) e o **ambiental** (equilíbrio do meio ambiente e uso consciente dos recursos naturais). Você pode escolher qualquer área e começar com pequenas ações que, somadas, farão uma grande diferença no mundo. **Não importa o tamanho da sua empresa, mas o tamanho da sua consciência**.

Empreendedores socialmente responsáveis são vistos de maneira diferenciada no mercado. Além do mais, sempre haverá espaço e reconhecimento para quem contribui com o futuro da humanidade. Pensando nisso, talvez você queira adotar uma causa social e deixar um legado, a exemplo da dra. Zilda Arns, médica sanitarista e lutadora incansável do combate à mortalidade infantil.

Temos consciência de que a responsabilidade social é mais fácil de ser aplicada quando existe lucro, caso contrário, nenhuma empresa resistiria. Contudo, ainda é possível pensar nas pessoas, no meio ambiente, em produtos e serviços alinhados com os critérios de responsabilidade social sem antes pensar no lucro.

Se o lucro fosse a única maneira de fazer as pessoas e as empresas contribuírem para uma causa social, não existiriam pessoas determinadas como Anita Roddick, Bill Gates, Muhammad Yannus e Mahatma Gandhi. Pense nisso e seja um empreendedor socialmente responsável desde o início.

EXERCÍCIOS PARA FORTALECER SUAS ATITUDES EMPREENDEDORAS

Em relação ao DINHEIRO:
Exemplo: Economizar 10% da minha renda/mesada todos os meses.

_____
_____
_____
_____

Em relação aos COLABORADORES:
Exemplo: Treinar as pessoas e acompanhar o seu desenvolvimento profissional.

_____
_____
_____
_____

Em relação ao NEGÓCIO:
Exemplo: Ler pelo menos um livro de negócios por mês.

_____
_____
_____
_____

Em relação ao FUTURO:
Exemplo: Elaborar o meu planejamento estratégico pessoal.
_____
_____
_____
_____

Atitudes que posso tomar diariamente em relação ao PAÍS e à SOCIEDADE:
Exemplo: Participar de movimentos que combatem a desigualdade social.
_____
_____
_____
_____

MENSAGEM FINAL

Caro amigo e futuro empreendedor,

Com uma ligeira ponta de inveja, queríamos ter tido no passado a mesma chance que você tem agora, as oportunidades que o mundo oferece e todo conhecimento especializado à nossa disposição. Queríamos ter em mãos livros como este que acabou de ler, recheados de ensinamentos práticos e simples, com o poder de provocar enorme diferença na maneira de pensar e agir das pessoas.

Na década de 1970, tudo o que queríamos era arranjar emprego numa empresa renomada, seguir carreira e, com um pouco de sorte, nos aposentar depois de trinta e cinco anos de bons serviços prestados à mesma empresa, a exemplo dos nossos pais e avós.

Até meados da década de 1980, a recomendação geral para os filhos era fazer a vontade dos pais que tinham sempre em mente profissões mais atraentes e com melhores chances de remuneração, menos sofridas, por assim dizer.

Naturalmente, isso tinha o lado bom, afinal, naquela época não havia pai ou mãe que recomendasse qualquer curso sem ter a mínima noção do que isso poderia representar no futuro. Por outro lado, éramos induzidos a pleitear uma vaga para qualquer um dos três cursos mais disputados nas universidades: Direito, Engenharia e Medicina.

Embora fossem profissões que ofereciam fama e glória, nossas chances para conquistar uma vaga nas universidades públicas eram mínimas considerando o fato de que precisávamos trabalhar para pagar os próprios estudos e ainda nos deslocarmos do interior para a capital a fim de vislumbrar alguma possibilidade remota de acesso a elas.

Apesar de tudo, isso não invalidou a nossa vontade de vencer na vida e de nos transformarmos em pessoas de bem, comprometidas com a disseminação do conhecimento e envolvidas em causas que promovem o aperfeiçoamento e o bem-estar das pessoas ao nosso redor.

O que importa não é o que lhe acontece na vida, mas como você reage ao que lhe acontece, diz um antigo provérbio budista.

Iússef Zaiden Filho e **Jerônimo Mendes**

BIBLIOGRAFIA

BLANCO, Roberto Álvarez del. *Você – Marca Pessoal: Como Gerenciar sua Vida com Talento e Transformá-la numa Experiência Única*. São Paulo: Saraiva, 2010.

CANFIELD, Jack; SWITZER, Janet. *Os Princípios do Sucesso*. Rio de Janeiro: Sextante, 2007.

CLASON, George S. *O Homem mais Rico da Babilônia*. 18. ed. Rio de Janeiro: Ediouro, 2005.

COLLINS, James C.; PORRAS, Jerry I. *Feitas para Durar: Práticas Bem--Sucedidas de Empresas Visionárias*. São Paulo: Rocco, 1995.

DOMINGOS, Carlos. *Oportunidades Disfarçadas*. Rio de Janeiro: Sextante, 2009.

DORNELAS, José Carlos Assis. *Empreendedorismo: Transformando Ideias em Negócios*. Rio de Janeiro: Campos, 2001.

DRUCKER, Peter. *Inovação e Espírito Empreendedor (Entrepreneurship): Prática e Princípios*. São Paulo: Thomsom Pioneira, 2005.

GITOMER, Jeffrey. *O Livro de Ouro da Atitude Yes*. São Paulo: M. Books, 2008.

_____. *O Livro Negro do Networking*. São Paulo: M. Books, 2008.

GOLEMAN, Daniel (Org.). *Os Grandes Empreendedores*. Rio de Janeiro: Elsevier, 2007.

HILL, Napoleon. *A Lei do Triunfo*. 11. ed. Rio de Janeiro: José Olympio, 1983.

LEONARD, George. *Maestria: As Chaves do Sucesso e da Realização Pessoal*. São Paulo: Cultrix, 2005.

LUECKE, Richard. *Estratégia: Criar e Implementar a Melhor Estratégia para seu Negócio*. 4. ed. Rio de Janeiro: Record, 2009.

_____. *Ferramentas para Empreendedores*. 3. ed. Rio de Janeiro: Record, 2009 (Harvard Business Essentials).

MENDES, Jerônimo. *Empreendedorismo 360º: A Prática na Prática*. 3. ed. São Paulo: Atlas, 2017.

MERRILL, A. Roger; MERRILL, Rebecca R. *Questões Fundamentais da Vida: Criando um Equilíbrio Dinâmico entre Trabalho, Família, Tempo e Dinheiro*. Rio de Janeiro: Sextante, 2004.

RIES, Al; TROUT, Jack. *Posicionamento: A Batalha por sua Mente – Como Ser Visto e Ouvido num Mercado Supercompetitivo*. São Paulo: M. Books, 2009.

ROBINSON, Ken. *O Elemento-Chave: Descubra onde a Paixão se Encontra com seu Talento e Maximize seu Potencial*. Rio de Janeiro: Ediouro, 2010.

SMITH, Steve. *Seja o Melhor! Ferramentas Testadas e Aprovadas para o Desenvolvimento Pessoal*. 14. ed. São Paulo: Clio, 2004.

STOLTZ, Paul G.; WEIHENMAYER, Erik. *As Vantagens da Adversidade: Como Transformar as Batalhas do Dia a Dia em Crescimento Pessoal*. São Paulo: WMF Martins Fontes, 2008.

THROOP, Robert K.; CASTELLUCCI, Marion B. *Excelência Pessoal: O Sucesso pela Autoconfiança*. São Paulo: Cengage Learning, 2009.